都市・地域観光の
新たな展開

安福恵美子・天野景太　著

左上　ツーリズム EXPO における観光プロモーション（1 章　大阪市住之江区）
右上　地下鉄駅にあるインフォメーションスポット（3 章　東京都台東区）
左下　「ふじいでらウォーク」の様子（6 章　大阪府藤井寺市）
右下　「北海道さっぽろ「食と観光」情報館」（1 章　札幌市 JR 札幌駅構内）

古今書院

目　次

第 1 部　地域観光振興の動き

第3部　「観光まちづくり」再考

序

　「観光立国」、さらには「観光先進国」を目指す日本では、2018 年 12 月、訪日外国人旅行者数 3,000 万人を突破した。観光立国推進基本法（2006）が成立した頃は「観光立国」という表現が使われていたが、「明日の日本を支える観光ビジョン　－世界が訪れたくなる日本へ－」（明日の日本を支える観光ビジョン構想会議、2016）では、「観光先進国に向けて」として、「観光先進国」という表現も登場した。そして、多くの地域において地域活性化のツールとして観光振興が推進され、観光客誘致が各地で盛んに行われるなかでインバウンド需要が高まってきた一方、一部の地域では過度な観光客 [1] の集中（「オーバーツーリズム」）という状況が問題視されるようになってきた。

　インバウンド政策を推進する観光庁は、2018 年、「持続可能な観光推進本部」を設置した。持続可能な観光政策のあり方に関しては、「経済、地域社会、環境及びマネジメントといった総合的な視点」が次のように示されている。「……我が国が観光先進国を目指し持続可能な観光としていくためには、今後は、観光は経済だけでなく、地域社会や環境に影響を及ぼすことにも着目し、環境政策等他分野の施策とも連携しながら、経済、地域社会及び環境といった総合的な視点で取り組んでいく必要。」、「……どの主体がいかに管理していくかといったマネジメントの視点も必要不可欠。」(国土交通省　国土交通政策研究所、2018)。

　地域に外部から人々が集中して訪れるという現象については、これまで世界のさまざまな地域観光研究の事例（観光が地域住民の生活に与える負の影響）において示されてきている。4 年前に筆者達が上梓した『「観光まちづくり」再考　－内発的観光の展開へ向けて－』（安福（編著）、2016）においては、地域観光のありかたを考えるにあたり、とくに観光空間が住民の生活と重なる観光拠点地域においては、住民の生活に与えるさまざまな影響に考慮した観光振

興策が求められることを指摘している。

　本書では、観光を取り巻く急速な変化を背景に、今日とくに求められるようになった地域観光のマネジメントについて考えるため、筆者達による前書をもとに、観光拠点地域における観光の展開とその課題を示す。いわゆる観光地と呼ばれる場所の特性は異なるが[2]、本書では、観光地のなかでも人口が多いことから住民が日常的に観光客に接する機会が比較的多い都市における地域観光の展開と今日的課題を中心に取り上げる。

注

(1) 本書においては、「観光客」と「観光者」という表現が混在しているが、これは、当該箇所における文脈および使用する参考文献・資料によって異なるためである。

(2) 観光庁は観光地を「都市型」、「歴史文化型」、「リゾート型」、「温泉型」、「自然型」に分類している（観光庁、2019）。

参考文献

安福恵美子編著（2016）『「観光まちづくり」再考 －内発的観光の展開へ向けて－』古今書院。

参考資料

明日の日本を支える観光ビジョン構想会議（2016）「明日の日本を支える観光ビジョン －世界が訪れたくなる日本へ－」。

観光庁 持続可能な観光推進本部（2019）「持続可能な観光先進国に向けて」。

国土交通省　国土交通政策研究所（2018）「持続可能な観光政策のあり方に関する調査研究（概要）」。「持続可能な観光政策のあり方に関する調査研究Ⅱ」『国土交通政策研究』第150号（https://www.mlit.go.jp/pri/houkoku/gaiyou/pdf/kkk150.pdf）。

（安福 恵美子）

第 1 部

地域観光振興の動き

第1章

観光振興推進機関の今日的展開

1　地域観光とDMO

(1)　日本における地域の観光振興推進機関

　日本における地域の観光の担い手や観光マネジメントのあり方に関しては、近年多様な可能性が模索、実践されており、とくにその担い手を地域の人々に求め、地域独自の観光資源を活用しながら観光実践を推進していくあり方が着目されている。これらは「観光まちづくり」の眼目でもあるし、また「地域主導型観光」（Community Based Tourism）や「着地型観光」といった概念として形式化されている。しかし、従来からの地域における観光の担い手、あるいは観光マネジメントの主体として第一に想起されるのは、地域の観光振興推進機関であり、具体的には、自治体の観光関連部局、あるいは観光協会であろう。

　観光関連部局は、都道府県や市区町村の行政組織の中に設置されており、観光課、商工観光課、観光戦略課など、自治体によって名称はさまざまである。必ずしも、全国の自治体があまねく設置しているわけではなく、著名な観光資源を有し、観光産業が地域の主要な産業となっている自治体や、観光振興が当該自治体の政策課題として重点化されている自治体を中心に設置されており、当該自治体の観光行政を中心的に担っている。

　具体的な業務として、東京スカイツリーや江戸東京博物館が立地する東京都墨田区の産業観光部観光課の業務内容をみていくと、①墨堤さくらまつりに関すること、②納涼の夕べに関すること、③吾妻橋フェストに関すること、④観光振興プランの推進に関すること、⑤観光施策の企画に関すること、⑥観光資源の開発に関すること、⑦観光プロモーション及びシティセールスに関す

ること、⑧観光相談に関すること、⑨墨田区文化観光協会等、観光関係団体に関すること、が挙げられている [1]。①〜③は区内で開催されるイベントであり、墨田区観光協会とともに主催者として関与している。これらのイベントの参加者は、地域住民が中心であり、必ずしも区外からの観光者の集客が主目的のイベントではないが、第 4 章において説明する芸術文化イベントの一例といえる。④〜⑧は、自治体の観光政策を推進するための具体的な取り組みである。⑨は、観光協会やその他の観光関連団体との連携や団体間の調整に関することである。なお自治体によっては、観光関連部局と観光協会とが一体的な運営を行っており、観光関連部局が観光協会の事務局を担っている機関も多く存在する。

　観光協会は、行政の機関ではなく、地域の観光事業者（宿泊事業者、交通事業者、土産品販売店など）が会員として加盟し、構成員となっている機関である。都道府県、市区町村単位で組織されている。組織の形態もさまざまであり、一般社団法人や一般財団法人、NPO 法人、株式会社など、規模や事業内容によって異なるが、市区町村の単位で組織されている多くの観光協会は任意団体である。また、運営経費は国や地方自治体からの補助金、および会員からの会費により賄っている機関が多い [2]。

　観光協会の事業としては、第一に、観光者に対する観光地情報の提供がある。任意の観光協会のホームページを開くと、当該地域における観光対象やイベントの紹介、モデルコースやツアーの紹介、体験施設・飲食店・宿泊施設・土産品店の情報などが掲載されている。また、地域の観光パンフレットや観光案内マップ等を発行・配布する等、直接観光客に対応する実務を担っている。そのほか、駅や観光地おける観光案内所の運営を行い、そこで観光者に対して情報提供を行ったり、観光ボランティアガイドの斡旋等を行っている機関もある。

　第二に、観光に関連するイベントの主催、参加がある。地域固有の食文化といった地域資源を活用した祭りを主催し、観光者の地域への誘客をはかったり、地域外において実施される物産展や観光展、フォーラム等に出展し、自地域の観光的魅力についてのプロモーションを行ったりするものである。その際、他の観光協会や観光事業者と連携しながら運営にあたることもある。近年は、イ

写真 1-1-1　ツーリズム EXPO における観光プロモーション（2019 年 12 月撮影）

ベントをさらに盛り上げ、誘客に結びつけていくため、イメージキャラクターを創作して登場させたり、土産品として好適なオリジナル商品の企画・販売を行ったりしている。

第三に、その他の事業として、自治体と協力、連携しての観光地域の整備、地域資源の保全や活用の推進、観光人材の育成がある。たとえば、観光地域に案内板やトイレを設置したり、博物館の運営を指定管理者として受託したり、インバウンドを念頭に通訳の講座を実施したり、観光ボランティアガイドの育成を目指し、市民向けに郷土史の講座を実施したりする、というものである。

このように観光協会の主要な役割は、地域全体の観光の魅力について、観光者や旅行会社に対して直接接触することを通じて対外的にプロモーションすることにある。それは、公共性の高い自治体の観光関連部局では実施が難しく、さりとて個々の観光事業者が営利目的で実施する事業よりも公益性が高い事業といえる。この意味で、観光協会が目指す観光振興とは、観光者への観光情報の提供や誘客を通じた地域の総合的な観光活性化であるといえるが、会費を支払っている観光事業者がステークホルダーとなっていることからも明らかなように、観光事業者の視点からの活動になりやすく、また人員や予算の不足も課題として指摘されており[3]、慣例的に既存の取り組みを実施していくことが中心となりがちである。しかし、近年の旅行需要の変化やインバウンドの増加などに対応するため、また冒頭に示した地域主導による観光まちづくりの潮流を踏まえるなら、より積極的、戦略的な観光地経営を行うことによって集客につなげていくための新たな観光振興推進機関の必要性が指摘されるようになった（大社、2018：22）。そのため、従来の観光協会に代わる、あるいは観光協

会を含む従来の観光振興推進機関を発展させることによって、地域に応じた観光施策の企画と実践を主体的に担っていくための機関として、DMO の必要性が提起され、制度化がなされるようになった⁽⁴⁾。

(2)　日本版 DMO の展開

　DMO とは Destination Management / Marketing Organization の略語であり、地域の観光地経営と観光マーケティングを行う組織である。地域における観光振興推進の中核を担う存在として位置づけられている。

　DMO は欧米諸国において、観光地の課題解決と発展に取り組むための機関として、19 世紀後半に端を発し、第二次世界大戦以後、国や州、県、地域などのさまざまなレベルにおいて設立され、運営されてきた。そのミッションとして、観光地ブランドの保持や向上に関するコーディネートを通じて、地域の観光競争力を維持することが目指されている。こうした海外の DMO における、民間企業に準ずるようなマーケティングや事業評価体制が知られるにつれ、その理念や手法を日本の地域事情や観光振興推進機関の文脈に合わせて取り入れ、主体的なガバナンスのもと、戦略的に地域創生をはかっていこうとするものが、日本版 DMO（観光地域づくり法人）である。

　政府が政策課題として DMO の設立推進を謳ったのは、2015 年の「日本再興戦略　改訂 2015（アクションプラン）」が端緒である。そこでは、「日本の観光のトップランナーとしてふさわしい地域の中から世界に通用する観光地域づくりとマーケティングを行う官民一体の観光地経営体（日本版 DMO）を選定し、政策資源を集中的に投入する」とされた。そして、翌 2016 年の「日本再興戦略 2016」において、2020 年までに世界水準の DMO を全国で 100 組織形成することが目標として謳われた。2020 年 3 月現在、日本版 DMO 登録制度に基づいて登録がなされている日本版 DMO 法人の数は 162 件、日本版 DMO 候補法人の数は 119 件である。

　観光庁によると、日本版 DMO とは「地域の『稼ぐ力』を引き出すとともに地域への誇りと愛着を醸成する『観光地経営』の視点に立った観光地域づくりの舵取り役として、多様な関係者と協同しながら、明確なコンセプトに基づい

た観光地域づくりを実現するための戦略を策定するとともに、戦略を着実に実施するための調整機能を備えた法人」と定義されている（観光庁、2020）。そして、日本版 DMO が果たす期待される機能・役割として、①「日本版 DMO」を中心として観光地域づくりを行うことについての多様な関係者の合意形成、②各種データ等の継続的な収集・分析、データに基づく明確なコンセプトに基づいた戦略（ブランディング）の策定、KPI [5] の設定・PDCA サイクル [6] の確立、③関係者が実施する観光関連事業と戦略の整合性に関する調整・仕組み作り、プロモーション、を挙げており（観光庁、2020）、地域の実情によっては、地域主導による着地型旅行商品の造成・販売などの旅行会社機能や、観光まちづくりの主体の一つとして、イベントなどの事業を実施することも想定されている。

　こうしてみると、日本版 DMO とは、従来の観光協会のように、観光プロモーションの実務を担う機関というわけではなく、観光地経営のマネジメント／マーケティングを主導的に行う機関と位置づけられている。

　日本版 DMO が果たす機能・役割のうち①は、地域における観光実践を、自治体の観光関連部局や観光協会のみが担うというわけではなく、あるいは、地域の交通事業者、宿泊事業者、飲食店、その他の商工業、農林漁業、文化財管理主体や博物館運営主体などの地域の観光部局や地域住民等がそれぞれ個別に担うというわけでもなく、それぞれが地域特性を意識しつつ個々の強みを発揮しつつ観光地経営に参画する、ということが前提となる。日本版 DMO は、さまざまな主体の中心に位置し、合意形成を通じて調整・連携を図っていく、ということである。

　②は、観光実践を遂行していくための根拠づけを、指標を用いて明確にすること、地域の魅力やターゲットとすべき観光者の属性等にどのような特徴があるのかを明確にすること、さらに、観光事業を実施したらばそれで終わり、ではなく、事後的に評価をすることで、それを活かしつつ改善を促したり、状況変化に対応した新たな戦略を構想することが目指される、ということである。これまでの観光行政においては、経営学に由来する KPI 等の指標や PDCA サイクルのような業績評価を行うという発想に乏しかったが、日本版 DMO では

地域全体を「商品」として捉えてマーケティングを行うのである。

　③は、日本版 DMO が観光戦略の策定という機能だけではなく、実際の取り組みと策定された戦略とが整合性がとれているのかに関してマネジメントを行うとともに、観光実践に関するプロモーションを行う、ということである。観光プロモーション機能に関しては、従来の観光協会の事業と共通するが、来訪者や宿泊者の数や属性などのデータに基づいたプロモーションが行われることが求められる。従来型の観光協会とは異なり、「組織ありきではないマーケットを意識した活動体である」（日本制作投資銀行地域企画部、2017）ということである。

　日本版 DMO は、登録制度を通じて観光庁に登録されることで、関係省庁からの支援[7]を受けることができる。登録要件として、上記の 3 つの機能・役割を担うことの他に、④法人格の取得、責任者の明確化、データ収集・分析等の専門人材の確保、⑤安定的な運営資金の確保、が求められる。④は、社団法人（公益・一般）、財団法人（公益・一般）、NPO 法人、株式会社、事業協同組合が登録されており、小規模な観光協会に多い任意団体は法人格を有さないため、登録できない。2020 年 3 月現在で日本版 DMO として登録されている 162 件のうち、公益社団法人が 15 件、一般社団法人が 104 件、公益財団法人が 9 件、一般財団法人が 8 件、NPO 法人が 5 件、株式会社が 20 件、事業協同組合が 1 件である。それぞれ、地域の実情や、構成員、ガバナンスの構造、既存の観光振興推進機関との関係等を考慮して選択されている。また、データ収集・分析の専門人材は、特定の経歴や資格は必要ないものの、マーケティング活動を継続的に実施できるよう正社員として雇用することが想定されている。⑤は、運営資金の財源が特定の財源である必要はなく、さまざまな調達の選択肢が考えられるが、多くの日本版 DMO は、国や自治体からの補助金など公的資金を主要な財源として運営している。しかしながら、補助金は自治体の予算困窮などで継続的な支出が保証されない不安定な財源でもあり、補助金依存をなるべく減らし、自主的な収益事業による収入の確保の必要性も指摘されている[8]。無論日本版 DMO は、地域全体として観光で収益を上げていくことが目指されているため、日本版 DMO 自体が「稼ぐ」ことが必須であるわけではないが、

WEBサイトにおける広告収入や、体験型観光の予約システムの運営、特産品のブランド化による直接販売などを通じて運営資金を調達する機関も多い。

　日本版DMOの登録区分として、活動の対象とする地域の範囲により、①広域連携DMO、②地域連携DMO、③地域DMOの3区分がある。①は、複数の都道府県にまたがる区域を一体的な観光地域として扱う機関、②は、複数の市区町村にまたがる区域を一体的な観光地域として扱う機関、③は、単一の市区町村を観光地域として扱う機関、である。第2章において検討するように、魅力を有する地域資源や周遊ルートは必ずしも単一の行政区域の内部で完結しているとは限らない。広域連携DMOや地域連携DMOは、自治体の観光関連部局や観光協会では難しかった行政区域を越えたマネジメントによる効果創出が期待されている。

（3）日本版DMOの課題

　2020年3月現在、広域連携DMOは10件、地域連携DMOは79件、地域DMOは73件が登録されている。広域連携DMOは、「東北観光推進機構」（対象区域は、東北地方および新潟県）のように、一つの地方を単位とするものと、「せとうち観光推進機構」（対象区域は、兵庫県、岡山県、広島県、山口県、徳島県、香川県、愛媛県）のように、観光周遊圏として相互に連携しながら振興をはかることが目指される区域を単位とするものがある。地域連携DMOは、「愛知県観光協会」（対象区域は、愛知県）のように一つの県を区域の単位とするもの、「秋田犬ツーリズム」（対象区域は、秋田県大館市、北秋田市、小坂町、上小阿仁村）などの特定の地域資源にかかわる区域を単位とするもの、「八ヶ岳ツーリズムマネジメント」（対象区域は、山梨県北杜市、長野県富士見町、原村）、「近江ツーリズムボード」（対象区域は、滋賀県彦根市、近江八幡市、米原市、愛荘町、豊郷町、甲良町、多賀町）、「豊の国千年ロマン観光圏」（対象区域は、大分県別府市、中津市、宇佐市、豊後高田市、国東市、杵築市、日出町、姫島村）のように、観光周遊圏として相互に連携しながら振興をはかることが目指される区域[9]を単位とするものがある。地域DMOは、単一の市区町村を単位としている。

　しかし、各地にさまざまな形態の日本版 DMO が設立されることで、日本版 DMO の運営、ひいてはそれらが目指す地域の観光地経営が必ずしも「成功」するわけではない。これらの日本版 DMO の中には、登録制度の開始に伴い新たに設立された機関もあるが、従来の観光協会を日本版 DMO にアップデートすることにより設立されたものも多い。それは、地域における既存の観光振興推進を担う機関として観光協会が一定の役割を果たしているため、これらを発展的に日本版 DMO として位置づけていくことが合理的な選択であるからだと推測される。しかし、前述のように従来の観光協会と日本版 DMO とでは、その機能・役割は異なる。近年新たに設立された日本版 DMO、とくに広域連携 DMO や地域連携 DMO の中には、日本版 DMO に期待されている機能・役割を果たし、高い事業性を持っている実例も見受けられるものの、多くの地域 DMO においては、従来の観光協会では手薄であったマネジメント・マーケティング業務を担う体制の確立や、組織を持続的に運営していくための仕組みの確立が課題となっている。

　前者にあっては、専門人材の確保・育成が主たる課題となる。現在は、地域内部での専門人材が育っていなかったり、マーケティングや観光行政の専門知識を有していたり、地域事情を熟知し、合意形成など地域づくりの現場における実務経験を有していても、両者を有機的に接続しつつマネジメントを行う人材や経験が不足していたり、旅行会社や広告会社からの出向による外部人材に依存していたり、といった状況にある。また、専門人材だけではなく、専従スタッフを含む人材の確保・育成も課題である。

　また後者にあっては、継続的な事業運営のための財源の確保が主たる課題となる。日本版 DMO は、従来の観光協会と比較すると、補助金のみに頼りきっている状況ではない（中野、2017）が、補助金などの公的資金は、自治体の財政状況や方針に左右されるという意味で、不安定な財源といえる[10]。財源の過半を事業収益で賄う機関も存在するものの、小規模な機関で、スモールツーリズムの実践を中心とするような地域においてはそれも難しい。

　地域主導を前提とした観光地経営は、多くの地域にとっては新しい考え方といえる。海外の DMO を含め、「成功事例」とされている例は、報道等を通じ

て紹介されているものの、組織形態や地域事情、ミッションはそれぞれの日本版 DMO で異なるため、一概にそれらを模倣すれば良いわけではない。日本版 DMO は、登録制度の開始から急速に社会的な着目がなされており（永井他、2019）、一定の成果を上げている機関も存在しているものの、実態としても、あるいは概念としても、未だ未成熟な状況にあるといえる。いまは、「流行」の行政施策として終始することなく、果たすべき機能・役割を地域に定着させていくための試行錯誤が続いている。

注

(1) 墨田区産業観光部観光課ホームページ

（https://www.city.sumida.lg.jp/smph/kuseijoho/kunosyoukai/sosiki/kankou.html）より。

(2) 大社（2018：32）らの調査によると、観光協会の財源の58％が市町村や都道府県からの補助金・自治体からの受託事業収入といった公的資金で賄われており、民間資金は会費収入は7％、収益事業収入は23％、企業からの寄付で1％、合計で31％となっている。

(3) 日本観光協会（2011）の調査によると、観光協会の組織上の課題として、予算不足が47％、会費や補助金等への依存体質が47％、人材不足が20％となっている。

(4) 日本政策投資銀行地域企画部（2017）は、地域観光に求められる取り組みとして、「多様なニーズへの対応」「関係者の巻き込みと合意形成」「データ収集・分析、ターゲット設定」「民間的手法の導入」「インバウンド観光客への対応」「地域全体としての観光戦略」を挙げている。

(5) Key Performance Indicator（主要業績評価指標）のことである。目標がどの程度達成されているのか、達成に向けてのプロセスが適切に実行されているのかを判断する指標である。日本版 DMO では、①旅行消費額、②延べ宿泊者数、③来訪者満足度、④リピーター率、という4つの指標の設定は必須であり、さらに⑤ WEBサイトのアクセス状況、⑥観光入込客数、といった指標も重要な指標として挙げられている。調査を通じてこうしたデータを収集し、集客ターゲットの設定や地域の強みや魅力の定義を行っていく。

(6) Plan（事業設計）→ Do（実施）→ Check（成果評価・事業見直し）→ Action（さらなる展開）→ Plan（事業設計）…、というサイクルを指す。少なくともこれら

を年 1 回実施し、観光庁に報告することが求められている。これらは、観光行政において期待されているような機能といえる。

(7)　観光地域づくりに関する支援メニューとして、相談窓口の利用、事業費の一部補助、委託事業の実施、マーケティングシステムツールの提供、専門人材の派遣・斡旋等のソフト・ハード両面におけるメニューが用意されている。なお、その多くは対象事業者を日本版 DMO に限定しているわけではない。

(8)　たとえば、中野（2017）など。

(9)　第 2 章において検討するように、観光庁では「観光圏の整備による観光客の来訪及び滞在の促進に関する法律」（観光圏整備法）に基づき、地域連携のもと、戦略的、一体的な観光地域づくりの促進が目指されている。

(10)　なお、事業を通じて地域の観光者が増加し、観光消費額が増大することで、自治体の税収が増加するという可能性も考えられる。また、宿泊税や入湯税等の特定財源を、運営費に充てることも検討されている。

参考文献

大社　充（2018）『DMO 入門：官民連携のイノベーション』事業構想大学院大学出版部。

小塩稲之編（2016）『地域と観光資源活用：観光コーディネート学 3 版』一般社団法人日本販路コーディネータ協会出版局。

近藤政幸（2018）『着地型観光の経営的条件：DMO/DMC に至る地域産業複合体のバリエーション』大阪公立大学共同出版会。

本間悠子（2013）「東京都における観光協会の動向に関する研究」『学位論文梗概集 2013』筑波大学大学院人間総合科学研究群世界遺産学位プログラム。

永井隼人、牧野恵美、柏木翔、ドーリングアダム、八島雄士（2019）「日本における『DMO』という用語の使用に関する研究：五大全国紙の分析から」『日本国際観光学会論文集』第 26 巻、pp.41-59。

日本政策投資銀行地域企画部（2017）『観光 DMO 設計・運営のポイント』ダイヤモンド社。

参考資料

観光庁（2020）「日本版 DMO とは？」（http://www.mlit.go.jp/kankocho/page04_000048.html）。

中野文彦（2017）「日本版 DMO はどのように稼ぐのか？：自律的・継続的な運営に

向けて」JTB 総合研究所

（https://www.tourism.jp/tourism-database/column/2017/02/japanease-dmo-operation/）。

日本観光協会（2011）『地域観光協会等の実態と課題に関する調査報告書概要版』

（https://www.mlit.go.jp/common/001045586.pdf）。

トラベルニュース社（2017）「日本版 DMO、課題は『財源』と『人材』：日観協が調査」

（https://www.travelnews.co.jp/closeup/tokusyu/20170823195520.html）。

（天野 景太）

2　地域観光と観光案内所

（1）地域観光振興と観光案内所の役割

　訪問地域における観光客の情報収集の場として、地域観光振興と密接に関わるのが観光案内所である。観光案内所は観光に関する案内を行う施設であり、鉄道駅・バスターミナル内またはその周辺、観光地の中心地、空港、道の駅などにみられるが、なかには、スタッフによる対応はなく、パンフレットだけ置かれた場所もあり、その規模・サービス内容はさまざまである[1]。日本人は観光案内所を利用する習慣があまりないことから、国内の観光案内所は海外と比較して、積極的な案内というよりは受身の対応が多いといわれる（森戸、2018）。

　国内における観光案内所の多くは地域の観光協会により運営されており、自治体からの受託業務である場合が多い。観光庁は全国の観光案内所を地方公共団体運営によるものと民間事業者運営によるものに分類し、地方公共団体運営の観光案内所を「観光案内所を運営するための資金が一部でも都道府県や市区町村から支出されていたり、地方公共団体の職員が案内所に勤務している観光案内所。都道府県や市区町村が観光協会の運営資金を一部でも支出したうえで、観光協会が観光案内所を開設しているものを含む。」としている[2]。

　観光案内所に求められる提供サービスは地域観光の特性によって異なるが、観光振興を推進する多くの地域において、観光マーケティングの視点から観光案内所の機能が注目されている。観光案内所にはさまざまな提供サービス内容が求められているため、観光案内所自体の整備とともに重要と考えられるのが、

来訪者への情報提供等の業務にとどまらない観光案内所の活用である。そのため、観光情報の提供だけではなく幅広いサービスを提供できる観光案内所の役割が今後の地域観光振興に大きく関わる可能性を持つ。

　近年、国内における外国人観光客の増加が顕著であるが、観光庁（「国内の観光案内所における外国人観光客の受入実態調査結果について」、2011 年）によると、「観光案内所を運営するにあたっての課題事項」として一番多いのが、「提供情報の収集・整理（多言語化）」であり、次いで「予算の確保」、「外国語対応可能な職員の確保」となっている（p.11）。そして、情報関連として 4 番目に「効率的・効果的な情報提供方法（最新情報の更新）」が入ることから、情報提供に関わる事項が観光案内所における課題であることがわかる。

　2008 年に日本観光協会より発行された『観光実務ハンドブック』における「観光情報提供システムの体系」において、一般旅行者は観光案内所から地域観光協会が得た地域発信情報（都道府県、市町村等の観光・宿泊施設、交通機関など）を得る図になっている（p.771）。しかしながら、インターネットの普及により、事前に得ることができる観光情報の種類および情報量も変化した。また、スマートフォンなどのモバイル機器利用者の増加に従い、観光拠点における公衆無線LAN 環境整備も進みつつある。そのため、旅行者（観光客）は訪問先においてもインターネット利用による収集情報を行うことができるため、観光案内所に立ち寄るのは必ずしも対面的な案内を必要とする人々ばかりではない。

　このような状況変化のなか、観光拠点に立地する多くの観光案内所では、インターネットでは入手できないような情報提供やサービスが求められている。今後、観光案内所が情報伝達拠点として、どのような情報を発信・伝達するのか、そのサービス内容が地域観光振興に大きく影響するであろう。

（2）外国人観光客受け入れ環境整備の動き

　近年、観光案内所の提供サービスに大きな変化をもたらしている大きな要因の一つに、「観光先進国」に向けたさまざまな取り組みによって増加する外国人観光客対応が挙げられる。前項で示したように、2011 年に出された観光庁による報告書（「国内の観光案内所における外国人観光客の受入実態調査結果

について」）において、観光案内所は、「地方公共団体運営観光案内所」と「民間事業者運営観光案内所」の2つに分類され、それぞれの設置数には、「ビジット・ジャパン案内所」が含まれていた。「ビジット・ジャパン案内所」とは、外国人観光客に対応可能な案内所を日本政府観光局がビジット・ジャパン案内所として登録するもので、登録基準は、外客受け入れに積極的、外国語対応が可能、対面式案内、外国語パンフレットの常備など、となっていた [3]。

　その後、観光庁により観光案内所における外国人観光客受入環境整備が進められ、日本政府観光局（以下 JNTO : Japan National Tourism Organization 独立行政法人国際観光振興機構の通称）は、2012年度より訪日外国人旅行者の受入環境整備の一環として外国人観光案内所の認定制度を開始した。認定制度について、JNTO はつぎのように説明している。「以前の「ビジット・ジャパン案内所指定制度」に改善を加え、JNTO が募集を行い、案内所を立地、機能等により3つのカテゴリー及びパートナー施設に分け、認定するものです。認定は、3年ごとの更新制とし、JNTO による通訳サービスや研修会の実施等の支援サービスを提供することにより、全国の JNTO 認定外国人案内所の機能充実と質の向上を図っています。」（JNTO HP「外国人観光案内所の認定」より : 表 1-2-1 は JNTO による外国人観光案内所の認定区分）。

　近年にみられる観光庁の動き（たとえば「外国人観光案内所先進事例調査について」など）からは、外国人観光客受入環境整備がかなりのスピードで進められていることがわかる。2011年（12月21日）、観光庁より出された「外国

表 1-2-1　外国人観光案内所の認定区分

カテゴリー3	常時英語による対応が可能。その上で、英語を除く2以上の言語での案内が常時可能な体制がある。全国レベルの観光案内を提供。原則年中無休。Wi-Fi あり。ゲートウェイや外国人来訪者の多い立地。
カテゴリー2	少なくとも英語で対応可能なスタッフが常駐。広域の案内を提供。
カテゴリー1	常駐でなくとも何らかの方法で英語対応可能。地域の案内を提供。
パートナー施設	観光案内を専業としない施設であっても、外国人旅行者を積極的に受け入れる意欲があり、公平・中立な立場で地域の案内を提供。

JNTO HP「外国人観光案内所の認定」より作成

人観光案内所のあり方の取りまとめについて（案）」には、「訪日外国人 3,000
万人時代を見据えた、観光案内所における外国人旅行者の受入環境を実現す
る。」と示されているが、訪日外国人数の増加スピードは速く、2018 年 12 月
時点でその数は 3,000 万人を突破している。この案に示されていたのは、「①
観光案内所の質の向上・質の担保」とともに、「②情報の事前提供による環境
整備」である。②においては、ウェブサイトの充実などにより「観光案内所に
寄らずとも、事前に観光情報を入手できる環境を充実させることで、観光案内
所の負担を軽減（観光案内所はより難しい相談への対応に専念）。」(p.1) とある。
さらに、同庁は、「観光圏の整備を通じた魅力ある観光地域づくり」における
案内所について、「ワンストップ窓口の整備」として、「観光圏全体の情報提供、
着地型旅行商品の予約・決済、総合的な案内等」を挙げている（観光庁「観光
圏の整備について」）。

　観光庁によるこれらの取り組みからは、「観光先進国」を目指すなかで、観
光案内所は観光振興のために重要な機能を果たす施設であること、なかでも訪
日外国人観光客の受入環境を整備するうえで、観光案内所の情報提供・伝達機
能が重要であると考えられていることがわかる。

　前項で示したように、観光庁は、運営資金を一部でも地方公共団体から支出
されている観光案内所を「地方公共団体運営」としている。しかし、地方公共
団体から支出される運営資金の割合がごく僅かである場合は、「地方公共団体
運営の観光案内所」というイメージと多少異なるのではないかと思われる。そ
のため、本稿では、観光庁によって「地方公共団体運営」と分類される観光案
内所を「公共系」と呼ぶ。そして、次項では、「公共系」観光案内所であり、
JNTO 認定外国人案内所でもある北海道札幌市内の観光案内所を事例として取
り上げ、地域観光における観光案内所の役割についてみていきたい。

（3）事例：北海道・札幌観光と観光案内所

1）北海道・札幌観光の概要

　北海道は多くの日本人にとって人気の訪問地となっているが、近年、その人
気の高まりは、訪日外国人観光客の増加において顕著である。「北海道観光入

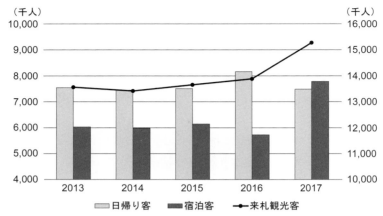

図1-2-1　来札観光客数の推移と日帰り客・宿泊客別入込状況
「平成30年度版　札幌の観光」をもとに作成

込客数調査報告書　平成29年度」（北海道経済部観光局、2018a）によれば、北海道の観光入込客数は、2012年から5,000万人を超えて推移しており、2017年度は5,610万人（前年度比2.6％増）である。そのなかで、訪日外国人来道者数（実人数）は279万人（前年度比21.3％増）となり、その数は過去最高を更新したという（日本全体の2017年度訪日外国人旅行者数2,977万人の9.4％）。同報告書は、その理由として、新千歳空港の発着枠が2017年3月に拡大されたことに伴い国際線の新規就航や増便があったことや、中国や韓国などアジア圏の北海道人気が続いたことなどを挙げている。

　北海道観光全体のなかでも、札幌市は観光入込客数が前年度に比べ10％増の1,527万人、宿泊客延べ数は15.2％増の1,308万人となり、市町村別で最も多い。外国人観光客の増加が特徴として挙げられる北海道観光において、観光拠点となる札幌市への観光客数からは、外国人観光客の増加にともない宿泊者数が増加している。

2）事例：「北海道さっぽろ観光案内所」

　「札幌市観光まちづくりプラン　2013-2022」を策定し、さまざまな施策により観光まちづくりを目指す札幌市は、北海道観光の拠点であることから道内全体の観光情報収集の場として多くの観光客が観光案内所を利用する。札幌市に

よる「平成 30 年度版　札幌の観光」(2018) の「第 1 章札幌市の観光への取組」(p.1) には、「観光客の受け入れ環境整備事業」「観光案内所の運営管理」として、来札客に各種観光情報を提供するため観光案内所（常設）を設置していることや、観光シーズンやイベントに合わせて設置する案内所があることが記されている。観光案内所の概要が自治体の年度別観光概要（報告書）において最初のページに掲載されていることからは、札幌市の観光振興における観光案内所の重要性がわかる。

　札幌市が設置している観光案内所は、札幌駅、そして、温泉地であり景勝地の定山渓（南区）にそれぞれ 1 ヶ所ある以外、大通公園周辺に 4 ヶ所ある。この 6 ヶ所の観光案内所のうち 3 ヶ所は JNTO 認定外国人観光案内所である（図 1-2-2 参照：★マーク付）。また、これらの「公共系」観光案内所のほかに、札幌市内には民間による JNTO 認定外国人観光案内所が 4 ヶ所あり、そのうち 2 ヶ所は北海道最大の繁華街「すすきの」エリアに位置している（2018 年 10 月現在）。

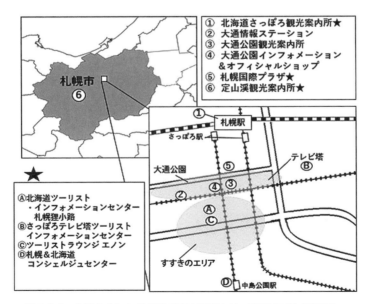

図 1-2-2　札幌市内における観光案内所所在地（2018 年 10 月現在）
「平成 30 年度版　札幌の観光」および「JNTO 認定外国人観光案内所一覧」をもとに作成

　札幌市には、図 1-2-2 で示した所在地以外にも繁華街の飲食店をはじめとする多種の事業所案内を行う観光案内所があることからも、政令指定都市（人口 1,970,057 人：2019 年 10 月時点）という人口の多い観光拠点都市としての特徴がみられる。市内に 6 ヶ所ある「公共系」観光案内所（図 1-2-2 参照）の札幌市の担当は 3 部署にも渡る。このなかで、本稿では、「公共系」観光案内所の事例として、札幌市の玄関口となる札幌駅構内に位置する「北海道さっぽろ観光案内所」についてみていきたい。

　「北海道さっぽろ観光案内所」（以下、案内所と略す）[4] は、北海道と札幌市が連携して JR 札幌駅構内（駅西コンコース）に設置している「北海道さっぽろ「食と観光」」情報館」（以下、情報館と略す）内にある観光案内所であり、札幌観光協会により運営されている（図 1-2-3、写真 1-2-1・1-2-2・1-2-3 参照）。同所は道の HP においてつぎのように紹介されている（紹介文の一部省略）。

・道内全域の観光情報や札幌市内のイベント情報をワンストップで入手できる日本最大級の観光案内所。

・道内全域の観光パンフレットをエリア毎に見やすく陳列。

・案内スタッフは英語対応を基本に、中国語、韓国語対応も可能なスタッフを配置。

・銀行 ATM 利用可。

・外国人観光客向けに、プリペイド式 SIM カードの自動販売機を設置。

・高齢者や障害者、子供連れの旅行者向けに、車いす・ベビーカーの貸出（有料）や、ユニバーサル観光情報を提供。

　最後の項目に関しては、

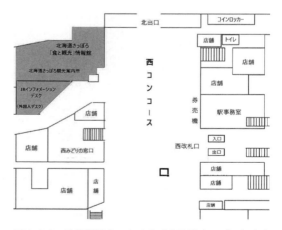

図 1-2-3　札幌駅構内における「北海道さっぽろ観光案内所」の所在地
北海道庁 HP「北海道さっぽろ「食と観光」情報館」をもとに作成

情報館内に、「北海道ユニバーサル観光センター・札幌」のバリアフリーツアーデスクがある。また、他のサービスとしては、札幌市観光ボランティアによる案内カウンターがある。同館に併設されている「JRインフォメーションデスク」（外国人デスク）は案内所のカウンターと

写真 1-2-1（上）　「北海道さっぽろ「食と観光」情報館」の入り口（2018 年 10 月撮影）
写真 1-2-2（下）　「北海道さっぽろ観光案内所」内の様子（2018 年 10 月撮影）

並んでいることから、利用者はここでさまざまな主体による案内を受けることができる。なお、2017 年度における情報館の入館者数は、1,582,211 人（1 日平均 4,335 人）、案内所利用者数は 183,557 人（1 日平均 503 人）である（「平成 30 年度版　札幌の観光」p.50 より）。

　2007 年に開設された同案内所における提供サービス内容からは、外国人観光客の増加に向けたインバウンド対応や、個人旅行の増加に向けた対応が必要とされる近年の観光客の動向がわかる。また、モバイルバッテリーの貸し出しについては、災害対応という点において新しいサービス内容と言えるであろう。

　一方、民間運営による JNTO 認定外国人観光案内所についてみると、運営は旅行会社などによるものであり、そのサービス内容は案内所によって違いがみられる。なかには、観光案内や旅行斡旋業務とは直接関わらないサービス（たとえば、カフェ、ネールサロン、足湯など）が提供され、集客の場として活用されている案内所もあるほか、案内所の立地場所や JNTO による認定において

写真1-2-3　両替機・プリペイド式SIMカードの自動販売機などが並ぶ「北海道さっぽろ観光案内所」内の様子
（2019年9月撮影）

も変化が激しいことが特徴として挙げられる[5]。

以上、北海道観光および札幌観光における外国人観光客の増加という地域観光の動向に対応した北海道観光拠点都市札幌市内の「公共系」観光案内所のサービス内容についてみてきた。本節1項でも触れたように、イン

ターネットの普及により、目的地に到着しなくても情報入手が簡単にできる状況のなか、事例で取り上げた「北海道さっぽろ観光案内所」においても、以前と比較した場合、案内所に立ち寄ることなく目的地に向かう観光客が増加しているという。そのため、道外からの観光客（外国人も含め）の旅行形態として個人による直接手配が増加傾向にある北海道観光の特徴から、対面によるサービスを特徴とする観光案内所においては、「公共系」・民間ともに、個人旅行に対応したさまざまなサービスが求められていることがわかる。

注

（1）観光庁「国内の観光案内所における外国人観光客の受入実態調査結果について」によると、「鉄道駅内、またはその周辺」45.5％、「観光地の中心地（名所の近く等）」21.6％、「宿泊施設内」13.6％、「空港」11.4％、バスターミナル内、またはその周辺5.7％、その他14.8％」となっている（p.5）。

　なお、「外国人観光客」という表記については、「訪日外客」（日本政府観光局）、「外国人観光客」あるいは「訪日外国人観光客」（観光庁）など、機関によって異なる

　　ことから、本稿において使用している表記は参考資料によって異なる。

(2)　観光庁による「地方公共団体運営の観光案内所の現状について」では、全国における地方公共団体運営の観光案内所は 1,555 ヶ所、また、民間事業者運営観光案内所は 184 ヶ所とされ、「観光案内所の設置数について、全国の都道府県、政令指定都市にアンケートを行い、地方公共団体運営の観光案内所の情報を収集し、設置総数を集計した。」という。ただし、「国内の観光案内所における外国人観光客の受入実態調査結果について」では、その表記がなく、「地方公共団体運営観光案内所」と示されている。

(3)　「1983 年より JNTO が主体となり、外国人観光案内所網「i」システムの整備が開始され、2010 年 9 月に 300 ヶ所を達成した。」(矢田部、2015：44) という。

(4)　案内所には、所長 (情報館館長)・副所長各 1 名をはじめ、スタッフ 12 名が交代で勤務し、営業時間は 8 時半〜 20 時、年中無休である (2018 年 10 月時点)。

(5)　図 1-2-2 で示した民間の JNTO 認定外国人観光案内所(2018 年 10 月時点)のなかで、開設場所が異なる事業所 2 ヶ所のうち、1 ヶ所は JNTO 認定から外れている (2020 年 3 月現在)。

参考文献

井上博文 (2009)「わが国の観光案内所のサポート組織の概要と行政の役割 −群馬県を事例として−」『観光学研究』第 8 号、pp.1-12。

日本観光協会編 (2008)『観光実務ハンドブック』丸善。

平沢隆之・片岡源宗・小笠原誠・石川ひとみ・佐々木政秀 (2013)「立ち寄り型周遊観光の促進に向けた現場親和型観光 ITS に関する考察」『生産研究』65 巻 2 号、pp.133-138。

森戸香奈子 (2017)「新しい観光案内所の要件定義」『とーりまかし別冊　研究年鑑 2017』pp.33-46。

矢田部　暁 (2015)「外国人観光案内所の実態に関する研究」『東洋大学大学院紀要』52 巻、pp.39-60。

安福恵美子 (2019)「北海道胆振東部地震の影響から考える案内所の役割 −札幌市を事例として−」『地域政策学ジャーナル』第 8 巻第 1 号第 2 号合併号、pp.61-71。

参考資料

観光庁 HP

　　「国内の観光案内所における外国人観光客の受入実態調査結果について」

　　(http://www.mlit.go.jp/common/000190660.pdf)。

　　「観光圏の整備について」

　　(http://www.mlit.go.jp/kankocho/shisaku/kankochi/seibi.html/2018/12/18、最終更新日：

　　2018 年 10 月 10 日)。

札幌市（2018）「平成 30 年度版　札幌の観光」。

札幌市 HP「北海道さっぽろ「食と観光」情報館

　　(http://www.pref.hokkaido.lg.jp/kz/kkd/jouhoukan.htm/2018/9/20)。

北海道経済部観光局（2018a)「北海道観光観光入込客数調査報告書　平成 29 年度」。

　　　　　　　　　　　　（2018b)「北海道観光の現況　2018」。

北海道庁 HP「北海道さっぽろ「食と観光」情報館」

　　(http://www.pref.hokkaido.lg.jp/kz/kkd/jouhoukan.htm/2018/9/20)。

日本政府観光局 HP「外国人観光案内所の認定」

　　(https://www.jnto.go.jp/jpn/projects/visitor_support/tic_nintei.html/2020/1/28)。

（**安福　恵美子**）

第2章

広域観光圏の形成

1 広域観光をめぐる動き

(1) 観光圏の整備と広域観光拠点機能強化の動き

　近年における地域観光振興の特徴として広域観光が挙げられる。複数の自治体にまたがる観光拠点（観光地）が広域的に連携して誘客を促進する取り組みは、多くの地方自治体における観光振興策に取り入れられ、前章（1章1節）で示した DMO 組織による取り組みにおいてもみられる[1]。

　全国各地において展開されている広域観光推進の動きのなかで、国（観光庁）によって推進されている広域連携が「観光圏整備法」（2008年：観光圏の整備による観光旅客の来訪及び滞在の促進に関する法律）による「観光圏」である。観光圏整備法は、観光地が広域的に連携した「観光圏」の整備を行うことによって国内外の観光客が2泊3日以上滞在できるエリアの形成を目指し、国際競争力の高い魅力ある観光地づくりを推進することで、地域の幅広い産業の活性化や交流人口の拡大による地域の発展を図るものである。この法律の内容としては、「観光地が連携した「観光圏」の形成を目指し、自治体が作成する「観光圏整備計画」に沿って、民間など複数の事業主体が共同で、宿泊サービスの向上や観光資源を活用したサービスの開発などといった「観光圏整備事業」を行う場合、観光圏整備事業費補助金や旅行業法の特例、農山漁村活性化プロジェクト交付金などの制度で地域の取り組みを支援」（観光庁 HP より）すると謳われている。2019年4月10日現在、13地域が観光圏整備実施計画認定地域となっている（図2-1-1参照）。

　観光圏整備法は、2012年（施行は2013年）に基本方針の改正が行われてい

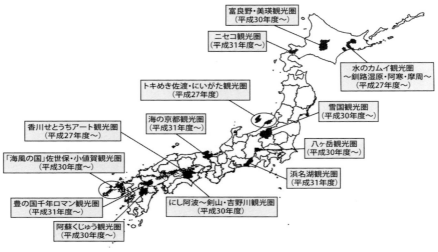

富良野・美瑛観光圏
（平成30年度〜）

ニセコ観光圏
（平成31年度〜）

水のカムイ観光圏
〜釧路湿原・阿寒・摩周〜
（平成27年度〜）

トキめき佐渡・にいがた観光圏
（平成27年度）

雪国観光圏
（平成30年度〜）

海の京都観光圏
（平成31年度〜）

香川せとうちアート観光圏
（平成27年度〜）

八ヶ岳観光圏
（平成30年度〜）

「海風の国」佐世保・小値賀観光圏
（平成30年度〜）

浜名湖観光圏
（平成31年度）

豊の国千年ロマン観光圏
（平成31年度〜）

にし阿波〜剣山・吉野川観光圏
（平成30年度）

阿蘇くじゅう観光圏
（平成30年度〜）

図 2-1-1　観光圏整備実施計画認定地域
観光庁 HP をもとに作成

るが、改正の概要には、「地域の一体性を確保した観光地域づくりの促進」・「観光圏整備事業の実施主体間の連携の促進」・「滞在促進地域を中心とした観光圏内の滞在・回遊の促進」・「地域住民の観光地域づくりへの参加促進」が挙げられている。そのため、2008年に施行された観光圏整備法については、「観光庁と「観光」の位置づけが異なる行政分野の法律との作業の相互性」に関する考察が重要である（近藤、2016：52）と指摘されるなど[2]、2012年に基本方針が改正されるまでに、さまざまな課題があったことがわかる。

　現在、観光圏整備法により認定されているエリアをみると、人口が多い都市（たとえば政令指定都市）はほとんど含まれていないことがわかる。一方、観光圏整備法による観光圏とは別に、観光地が広域的に連携して誘客を促進することを目的とした広域観光の取り組みにおいて、人口が多い都市はその拠点としての機能が求められることから、さまざまな都市において広域観光拠点機能強化を目指す動きがみられる。なかでも、主要交通のハブとなる大都市においてはその動きが顕著である。表2-1-1は、東京都および政令指定都市・中核市のなかでも、おもに広域観光拠点機能としての特徴が観光計画に盛り込まれた

表 2-1-1　広域観光拠点都市における観光施策の例

観光拠点都市	観光計画名称	策定年	施策内容
札幌市	札幌市観光まちづくりプラン	2013	滞在・周遊・再訪を促進する情報提供の強化
仙台市	仙台市交流人口ビジネス活性化戦略	2019	東北ゲートウェイ推進
新潟市	新潟市国際化推進大綱2015	2015	拠点性を活かした広域的な魅力をアピール
富山市	富山市観光振興プラン	2017	広域観光交流拠点としての都市機能強化
東京都	PRIME 観光都市・東京 〜 東京都観光産業振興実行プラン2018 〜	2018	日本各地と連携した観光振興
横浜市	令和元年度　文化観光局運営方針・事業概要	2019	滞在環境の向上、近郊都市連携による周遊観光の促進
さいたま市	さいたま市観光振興ビジョン	2014	交通の利便性を生かした広域的な観光利用促進に係わる拠点性の向上
名古屋市	名古屋市観光戦略	2019	広域観光の推進（昇龍道プロジェクト）
京都市	京都市観光振興計画2020+1	2018	他の地域との連携を強化し、京都とは異なる魅力的な観光資源と組み合わせた効果的な誘致
大阪市	大阪都市魅力創造戦略2020	2016	多様な楽しみ方ができる周遊・滞在都市
神戸市	神戸市創生戦略（第3版）	2017	地域全体の観光マネジメントを一本化するプラットフォームの構築
岡山市	岡山市第六次総合計画	2016	広域的な観光・インバウンドの推進
北九州市	北九州市観光振興プラン 〜「北九州市に観光にいこう！」 と言われる観光都市を目指して〜	2014	東九州自動車道開通を見据えたプロモーションの強化・連携 東アジアからの観光客誘致を促進するための広域連携の強化
福岡市	福岡観光集客戦略2013	2013	福岡都市圏、九州各地、西日本地域及び釜山広域市との連携を強化

各自治体のHP（2019年5月時点）をもとに作成

都市自治体の観光施策内容である。

　この表からは、広域観光拠点都市における具体的な取り組みとして、観光案内所における広域観光案内の機能強化（たとえば、東北の観光案内所のネットワーク化（仙台市）など）、広域的な観光エリアとしてのブランド力強化（エリアブランディングに向けたプラットフォームの構築）、また、テーマやストーリー性を重視した観光ルートの開発・発信、広域観光情報の発信などが特徴として挙げられる。

（2）広域観光における地域ブランド構築の課題

　広域観光の取り組みにおいて重要であるとされているのが地域ブランドの構築である。新たな地域ブランドの構築を意図して進められている「観光圏」については、2泊3日での行動範囲を念頭に、旅行者に対して新たな体験価値の提案ができるかどうかが戦略的ゾーニングとしての評価の分かれ目となること、そして、実際に地域ブランドの構築、活用を目指していることが明記されている観光圏整備期計画は全体の約半数である（徳山・長尾、2013）という報

告がある。観光圏の仕組みを連携型ゾーニングとして検討した同研究においては、次のような分析が行われている。地域間連携の重要な担い手の一つである自治体によるゾーニングに対する期待（「観光の活性化」および「地域間の交流人口の拡大」）は高いものの、連携型ゾーニングはその地域でしか体験できない価値に基づいた個性（すなわちユニークさ）を出すことであるが、多くの観光圏ではどこも似たようなアピールで終わっていることから、連携の意味や圏域のとりかた、また、推進母体などに課題を残す結果になっている。

　ユネスコという国際機関によるリストへの登録によって価値が高められる世界遺産登録地のようなブランド力を持つ地域資源を除き、広域連携による地域ブランド構築については、さまざまな課題がみられる。たとえば、「観光圏」についてみてみると、13の認定地域のうち3つの観光圏を対象とした調査研究（野田他、2019）には、自治体の財源不足や圏域内の自治体格差などに加え、事業実施主体の事業持続性などについての指摘がみられることからも、観光を介した自治体間の連携の難しさがわかる。

注

(1)「広域連携DMO」は、「複数の都道府県にまたがる地方ブロックレベルの区域を一体として」、また、「地域連携DMO」は、「複数の地方公共団体にまたがる区域を一体とした観光地域として、マーケティングやマネジメント等を行うことにより観光地域づくりを行う組織」（観光庁HPより）。

(2)　農山漁村活性化法などとの関わりについて言及されている。

参考文献

近藤祐二（2016）「観光圏整備法制に関する考察　－観光圏整備法立法過程とその意義及び課題－」『森下財団紀要』第1号、pp.44-53。

徳山美津恵・長尾雅信（2013）「地域ブランド構築に向けた地域間連携の可能性と課題　－観光圏の検討を通して－」『商学論究』（和田充夫博士記念号）60巻4号、pp.261-282。

野田　満他（2019）「観光圏整備事業の運用における今日的課題に関する基礎的研究」

『2018 年度日本建築学会関東支部研究報告集 II 』pp.319-322。

参考資料

観光庁 HP

　「地域の観光圏整備実施計画を認定しました！」

　（https://www.mlit.go.jp/kankocho/topics04_000123.html?print=true&css=/2020/1/26）。

　「観光圏整備実施計画認定地域」

　（https://www.mlit.go.jp/common/001339719.pdf）。

　「観光圏整備基本方針を変更しました」（最終更新日 2012 年 12 月 27 日）

　（https://www.mlit.go.jp/kankocho/news04_000057.html/2020/2/23）。

　「政策」「日本版 DMO になるには」

　（http://www.mlit.go.jp/kankocho/page04_000049.html/2020/1/22）。

国土交通省 HP「観光圏の整備による観光旅客の来訪及び滞在の促進に関する法律について」（http://www.mlit.go.jp/kanko/kanko_tk4_000002.html/2020/1/26）。

（安福　恵美子）

2　広域連携の諸類型

（1）観光における広域連携のあり方

　観光地域が相互に連携して、広域的な観光プロモーションや、周遊ルートの開発・提案を実践していく動きには、前章において検討した広域連携 DMO や地域連携 DMO、前節において検討した観光圏をめぐる動向などの他、さまざまな「連携」のかたちが考えられる。本節では、近年注目されている動向を中心に、さまざまな連携のあり方について具体例を概観するとともに類型化してみたい。

　中尾（2012：31）は、広域観光の意義を、相乗効果がもたらされることにあるとする。たとえば、近接する観光的魅力をもった地域や、同じテーマや性格を持った観光地などが、お互い補い合うことによって「相互送客や域外からの集客をねらいとする」。中尾は広域連携を、単独の地域では十分な誘客が難し

い場合にとる施策として位置づけている。すなわち、個別の地域の視点から、その地域の観光課題の解消策として連携を行う、というわけである。しかし、近年の広域観光のあり方は、必ずしもそうした「守り」の動機に基づくものだけではない。たとえば、これまで観光者の移動があまりみられなかった地域同士を結ぶことにより、新たな観光需要を開拓したり、異なる魅力をもった地域同士が結びあうことにより、バラエティー豊かな観光メニューの提供を目指したり、さらには、類似の性格をもった観光地同士が連携する場合でも、よりテーマ性やストーリー性を強化する観光経験を提供することを目指すような「攻め」の連携のあり方も着目されている。

(2) 広域連携の類型とその事例 I

　中尾（2012：30-31）は、広域連携のあり方として、「①大規模な地域・拠点都市の連携、②東日本と西日本の拠点都市の連携、③同一府県内の連携、④街道を介しての連携、⑤海道を介しての連携、⑥港町や夜景を介しての連携、⑦川筋を介しての連携、⑧温泉地を介しての連携、⑨世界遺産を介しての連携、⑩山と海を介しての連携、⑪人を介しての連携、⑫姉妹都市・友好都市の連携、⑬近隣の外国の都市との連携」を挙げている。以下、具体例を概観していこう。

　①「大規模な地域・拠点都市の連携」の例として、東京都と日本各地の地方、道府県との連携の例が挙げられる。たとえば、東京都の観光施策アクションプラン「PRIME 観光都市・東京：東京都観光産業振興実行プラン 2017」における施策の一つ「日本各地と連携した観光振興」（東京都、2017）という施策においては、東京を「日本への旅行者にとっての玄関口としてさなざまなエリアに送客を行う基点となるゲートウェイ」として位置づけ、東京都が全国の自治体との連携を強化して、東京から全国に出向く流れを生み出すことを目指している。東京都が外国人観光者にとって日本の玄関としての役割を果たす地域として、そして他の自治体が観光の目的地としての役割を果たす地域として位置づけた際、両者が連携することにより、たとえば東京都で全国各地の観光情報を入手し、その後各地を訪問する、という観光者の流れをつくることにより、

東京の都市観光活性、および日本各地の観光活性の双方を目指すことで、全国的なインバウンドの底上げを図っていこうとする施策といえる。

　②「東日本と西日本の拠点都市の連携」の例として、東京都と大阪府の連携が挙げられる。両都府は、東京で 2020 年にオリンピック・パラリンピック競技大会を、大阪で 2025 年に大阪・関西万博というビッグイベントの開催を控えている。そこで、ビッグイベント同士が連続的に日本で開催されることをシンボリックに示すこと、さらに、開催都市としてのノウハウの共有などを通じた相乗効果をはかることが望まれる。そのため、東京都、大阪府、大阪市の 3者により、2019 年 2 月に第一回「東京・大阪連携会議〜東京 2020 to 2025 大阪〜」が、2019 年 11 月に、第二回の同会議が開催され、機運醸成にむけた相互連携や、東京 2020 大会のレガシー（第 4 章参照）の共有、といった連携事項が確認されている。

　③「同一府県内の連携」の例として、隣接する複数の市区町村が一体の観光エリアであることの認知度の向上や、共同での観光商品の開発、モデルコースの提案などが挙げられる。都市内における連携例として、たとえば東京都区内の近接する特別区同士の連携である「墨田区・台東区観光分野における連携に関する協定」がある。墨田・台東両区は姉妹区として長年の提携関係にあるが、新たに観光分野で、上野・浅草という東京を代表する観光地域を有する台東区と、東京スカイツリーや北斎美術館といった近年新たな観光資源を獲得した墨田区とが、合同プロモーションや新たな観光ルートの開発を見すえて連携したものである。隅田川を挟んだ両自治体の特性の異なる観光対象同士を周遊ルートで結ぶことで、双方を訪れてもらえるような相乗効果をねらった連携を行っている。また、地方における連携例として、前章において検討した地域連携 DMO があるが、他にも、新幹線駅の開業に伴い駅を拠点とした広域を観光エリアとして振興していこうとする試みの一例として、長野県の北信地域（飯山市、中野市、山ノ内町、信濃町、飯綱町、木島平村、野沢温泉村、栄村）および新潟県妙高市により構成された信越 9 市町村広域観光連携会議による「信越自然郷」がある [1]。2015 年に開業した北陸新幹線飯山駅を拠点とした北信地域エリアのブランド化を目指し、エリア名を「信越自然郷」と命名。エリア

写真 2-2-1　連携事業の一環として発売された「台東・墨田　東京下町周遊きっぷ」(2018年9月撮影)

内の観光魅力について一体的にプロモーションを行っている。

④「街道を介しての連携」の例として、旧街道の宿場や要衝が立地した地域が連携することによる、旧街道に関わる歴史的観光資源のブランディングやプロモーションの強化が挙げられる。たとえば、静岡県静岡市および静岡二峠六宿街道観光協議会による「東海道歴史街道二峠六宿」は、近年の旧街道に沿ってウォーキングを楽しむ「街道あるき」の普及を受け、静岡市内に位置する旧東海道の6つの宿場（蒲原宿、由比宿、興津宿、江尻宿、府中宿、丸子宿）と2つの峠（薩埵峠、宇津ノ谷峠）およびその周辺の歴史的観光資源を一体的にホームページやガイドブック等を通じて情報発信する実践である。また、「しずおか東海道ご縁めぐりスタンプラリー」も実施している(2)。なお、この連携エリアは、「東海道『駿河2峠6宿風景街道』」として、国土交通省が認定する「日本風景街道」（シーニック・バイウェイ・ジャパン）にも登録がなされている。日本風景街道とは、地域と道が一体的に、活動エリア内の道を核として、その周辺の自然、歴史、文化、風景、およびそこを舞台に展開される諸活動を一体的に認定する事業である。2007年から開始され、2020年4月現在、全国で143ルートが登録されている。

⑤「海道を介しての連携」の例として、海を介して航路や橋でつながりをもつ島々や港町同士が連携し、地域活性を目指す取り組みが挙げられる。安芸灘とびしま海道連携推進協議会による「安芸灘とびしま海道」は、広島県呉市に位置する下蒲刈島、上蒲刈島、豊島、大崎下島と、愛媛県今治市に位置する岡村島などの橋や航路で結ばれた瀬戸内海の芸予諸島で構成される。2007年に本州と上記の島々が橋で結ばれたことをきっかけに名づけられ、とびしま海道を一体とみなした観光情報の発信や、自転車競技大会の実施等が実践されてい

る。

　⑥「港町や夜景を介しての連携」の例として、夜景観光コンベンション・ビューローによる夜景遺産の発掘、夜景鑑定士検定の実施、夜景をテーマにした観光事業のプロデュース等の取り組みが挙げられる。夜景観光コンベンション・ビューローでは、たとえば全国の複数のイルミネーション点灯施設を複数訪問することで、景品が当選するなどのキャンペーンを展開することにより、「夜景」というテーマに基づいた観光を広域的に複数回実行する際のインセンティブを与えている[3]。同様の取り組みとしては、全国工場夜景都市協議会による加盟都市（川崎市、四日市市、北九州市、室蘭市、周南市、富士市、千葉市、堺市、高石市、尼崎市、市原市）の観光拠点施設等における工場夜景カード配布の取り組みがある[4]。工場夜景を観光資源化するという実践は、近年になって着目されてきたものであるがゆえに、その観光プロモーションのノウハウは乏しい。そこで協議会では、全国工場夜景サミットを定期的に開催し、工場夜景の魅力の発掘と発信を行うとともに、カードの配布を通じて連携地域間相互の情報発信がなされている。

　⑦「川筋を介しての連携」の例として、複数の行政区域をまたいで流れる川の上流域から下流域にわたるエリアを一体的な観光エリアと捉え、エリア全体を対象としたイベントの実施や、ウォータースポーツやトレッキングなど川や流域の自然・文化環境を活用した観光を実践する試みが挙げられる。静岡県の中部を流れる大井川流域において近年実践がなされるようになった流域連携を例に見ていきたい（天野、2016）。大井川の中流〜上流域には、大井川鐵道が営業しており、観光鉄道として多くの観光者の訪問がなされてきた。東海道本線と接続する金谷駅（島田市）から千頭駅（川根本町）までの大井川本線には、1977 年以降現在まで、蒸気機関車が牽引する SL 急行列車が毎日運行されており、千頭駅から井川駅（静岡市）までの井川線には、特殊な車両や車窓風景を魅力として誘客がなされてきた。こうした鉄道への乗車体験を通じて流域を訪れる観光者は多かったものの[5]、彼らが流域の地域を訪れるという流れは生み出せておらず、また流域の自治体間での観光を通じた連携はほとんどなされてこなかった。しかし、川根本町・静岡市の流域を含むエリアのユネスコエコ

写真 2-2-2 大井川流域まちかど博物館の案
内地図（大井川鐵道家山駅前）
（2012年1月撮影）

写真 2-2-3 大井川流域まちかど博物館の一
つである大井川鐵道接岨峡温泉
駅（2014年9月撮影）

パークの登録（2014年6月）、さらに、大井川鐵道の経営悪化に伴う列車の減便（2014年3月）といった環境の変化を受け、流域全体としての地域資源の発掘や観光商品の開発等を通じた観光的な魅力の向上が求められることになった。たとえば、流域の観光振興推進機関（まちかど博物館推進委員会）が連携して実施する「大井川流域まちかど博物館」の登録事業（2009年開始）では、流域の45ヶ所の店舗や工房、ギャラリー、駅などの施設を「まちかど博物館」として認定し、パンフレットやホームページを通じて情報発信、館長（店主ら）と観光者との交流のチャネルづくりに取り組んでいる。また、流域の地域住民らが行政や観光協会との協力により、流域の観光情報発信メディア『大井川で逢いましょうMAGAZINE』の発行およびポータルサイトを開設（2014年）[6]、さらに、流域の4市町（静岡市、川根本町、島田市、吉田町）および大井川鐵道による「大井川流域振興連絡会」が組織され、研修の実施や流域を舞台とした謎解きイベントやフォトコンテスト、物産展などのイベントを実施している。

　⑧「温泉地を介しての連携」の例として、広域の複数の温泉地をめぐる観光

周遊ルートの開発を目的とした実践や、観光者に近接する複数の温泉地の「湯めぐり」や泊食分離を提案し、地域全体の魅力を向上させようとする実践が挙げられる。2006 年、東京都心から 2 時間以内の距離に立地する 9 つの温泉地（栃木県鬼怒川温泉、群馬県伊香保温泉、新潟県越後湯沢温泉、長野県戸倉上山田温泉、山梨県石和温泉、埼玉県名栗温泉、神奈川県湯河原温泉、千葉県鴨川温泉、茨城県筑波山温泉）が広域連携し、「東京エッジコンソーシアム」を立ち上げている [7]。これは、インバウンド客をターゲットに、9 つの温泉地の旅館組合等が共同で多言語プロモーションを行うことにより、さらなる外客誘致を目指している。コンソーシアムに参加する温泉地は競合関係にあるともいえるが、協働を通じて温泉地ごとの多様な魅力を訴求する実践であるといえる。また、後者の例として、北海道のニセコ観光圏（倶知安町、ニセコ町、蘭越町）およびその周辺の岩内町、共和町、寿都町、島牧村という広域に拡がる 20 の温泉施設のなかから複数の施設の利用が可能な「湯めぐりパス」の発売があり [8]、180 日の有効期間中に何度も来訪してもらえるような工夫を行っている。

　⑨「世界遺産を介しての連携」の例として、広域に点在する世界遺産の構成資産をもつ地域同士が連携し、構成資産の保全や観光活用を実践する取り組みが挙げられる。世界遺産の中には、必ずしも地理的に近接していない複数の物件が、一つの遺産として登録されるケースがある（シリアル・ノミネーション）。たとえば、2018 年に世界文化遺産に登録された「長崎と天草地方の潜伏キリシタン関連遺産」は、12 の構成資産によっているが、それらは長崎県平戸市や熊本県天草市など 8 つの市町村にまたがって存在している。このため、世界文化遺産登録に先立つ 2017 年に、構成資産の天草の崎津集落と頭ヶ島の集落を有する熊本県天草市と長崎県新上五島町とが交流連携協定を締結したり、長崎・熊本両県の観光ボランティアガイド団体の合同研修を実施する、といった動きがみられている。

　⑩「山と海を介しての連携」の例として、山や海を介して隣接する地域が、山や海を共通の観光資源として、あるいは周遊ルートとして活用することを通じた連携が挙げられる。山を介しての連携例として、2008 年に設立された

JAPAN ALPS 広域観光都市連携会議による「ジャパンアルプス観光都市」があ
る。日本の中央に位置する飛騨山脈（日本アルプス）を中心とした中部山岳国
立公園を囲む7市（富山県富山市、岐阜県飛騨市、高山市、長野県大町市、安
曇野市、松本市、塩尻市）によって構成され、圏域の誘客や受入れ体制にかか
わる共通の課題について取り組むことを目的としている[9]。海を介しての連
携例として、広域連携 DMO であるせとうち観光推進機構の「瀬戸内」の観光
ブランド化の取り組み[10]や、国土交通省の瀬戸内海を管轄する運輸局で構成
され、瀬戸内の島々を寄稿するクルーズの推進をはかる「瀬戸内海観光連携推
進会議」がある。さらに山と海の双方を介した連携例として、北陸新幹線糸魚
川駅の開業を見越して 2013 年に設立された「北アルプス日本海広域観光連携
会議」がある。この連携会議は、北陸新幹線糸魚川駅を最寄りとする広域観光
エリアに位置する新潟県糸魚川市、上越市、長野県大町市、白馬村、小谷村、
富山県朝日町と、新潟県、長野県、観光・商工団体と鉄道・バス事業者 27 団
体で構成されており、広域観光連携の推進や交通事業者と地域との連携、情報
発信等を目的としている。

　⑪「人を介しての連携」の例として、地域の有力者の人間関係を通じた連携や、
有力者の訪問、地域間における草の根の交流を基礎とした連携が挙げられる。

　⑫「姉妹都市・友好都市の連携」および、⑬「近隣の外国の都市との連携」
の例として、姉妹都市提携がなされていることを契機として、お互いの都市間
での相互送客や、提携都市のイメージを打ち出した観光イベントの実施、特産
品の開発等を行う動きが挙げられる。姉妹都市提携は、自然環境や歴史の類似
性や、市民同士の継続的な交流等を理由としてなされるのが一般的であり、必
ずしも観光振興を目的とした連携とはいえない。そのため、姉妹都市提携を行っ
ている自治体の多くは、その観光振興への貢献度に関する調査において、「あ
まり役立っていない」との回答が 58.2％を占めている（国土交通省、2005：
12）。しかし、「大きく貢献している」との回答が 7.7％あり、たとえば北海道
札幌市は、「ミュンヘンクリスマス市」が観光振興に役立っているといい、東
京都府中市は、ヨーロッパの友好都市との交流事業を通じて、市内の歴史資源
に対して新たな魅力を発見することを促しているという（国土交通省、2005：

13-14)。また、福岡県福岡市と韓国の釜山広域市は姉妹都市の関係にあり、対馬海峡を挟んでフェリー（所要 3 時間）や航空機（所要 1 時間）が運航され、相互の観光者の往来が活発にみられるが、両市と両市の観光協会では 2008 年より「釜山・福岡アジアゲートウェイ」事業を共同で実施している。これは、両都市を広域観光圏と捉えることで、観光者が釜山と福岡、ひいては韓国と日本の文化を同時に楽しめるようにするという趣旨によっており、中華圏や東南アジアにおいて共同で観光プロモーションを実施したり、両市を周遊する観光ルートの開発を行っている。

(3) 広域連携の類型とその事例 II

　以上、中尾の示した類型に基づきつつ、それぞれの事例を検討してきたが、近年はこれらの類型には収まりきらないような連携のあり方も出現している。そこで、近年見られるようになってきた新たな連携の様態について、見ていくことにしよう。

　第一に、鉄道の沿線を通じた連携である。この連携には、一つに、地方のローカル鉄道の経営悪化に伴う廃線の危機に呼応したもの、二つに、ローカル鉄道の利用を通じた新たな観光ルートの開拓を目的としたもの、がある。

　前者は、必ずしも観光振興のみを目的とした連携ではないが、沿線の複数の自治体や商工関係者、交通事業者、地域住民の有志（高校生、応援団）等で構成される協議会が結節点となるかたちで連携がなされ、沿線の魅力を情報発信するとともに、利用促進に関する助成事業やイベントの実施を行っている。たとえば、JR のローカル線においては、島根県の JR 木次線沿線の自治体で構成される「木次線利活用推進協議会」[11] や岩手県と秋田県にまたがる JR 花輪線沿線の「花輪線利用促進協議会」[12]、富山県西部の JR 城端線・氷見線の「城端・氷見線活性化推進協議会」[13] 等、さらに第三セクターの経営によるローカル線においては、新潟県の北越急行沿線の情報誌を発行する「ほくほく線沿線地域振興連絡協議会」[14]、栃木県の真岡鐵道において SL の運行を行う「真岡線 SL 運行協議会」[15] 等、観光に関わる多様な取り組みを行っている事例も存在する。

　後者は、たとえば会津若松市と日光市による観光連携協定の締結（2020年2月）がある。両市は、会津鉄道、野岩鉄道、東武鉄道鬼怒川線・日光線という3社のローカル線によって結ばれており、日光へは東京から東武鉄道の特急列車が直通していたが、そこからさらに野岩鉄道、会津鉄道を介して、会津若松にアクセスする流れを開拓することで滞在型観光の振興につなげていく狙いがある[16]。

　第二に、観光ボランティア団体を通じた連携である。たとえば、大阪府と奈良県各地の観光ボランティアガイド団体により組織されている大阪・奈良歴史街道リレーウォーク実行委員会が主催する「大阪・奈良歴史街道リレーウォーク」がある。これは、大阪府と奈良県各地の観光ボランティアガイド団体が、

	開催日	コースタイトル	案内担当団体
第1回	2017年3月4日	梅の香薫る緑道を行く	NPO法人堺観光ボランティア協会
第2回	2017年3月25日	渡来人の里山を歩くキトラ古墳の『四神の館』を見学！	飛鳥京観光協会ボランティアガイド
第3回	2017年4月1日	奈良乃志る遍：奈良旧名所案内	NPO法人なら・観光ボランティアガイドの会
第4回	2017年5月3日	「フットパス」羅城門（平城京）から朱雀門へ	NPO法人平城宮跡サポートネットワーク
第5回	2017年6月24日	朝日に輝く三層の甍 あなたが訪れる古民家の御所まち	御所市観光ボランティアガイドの会
第6回	2017年9月24日	竹内街道と白鳳文化の歴史を探る	葛城市観光ボランティアガイドの会
第7回	2017年11月3日	古代の遺跡が点在する磐余道	桜井市観光ボランティアガイドの会
第8回	2017年11月11日	柏原神宮の森と深田池の森」より西飛鳥の古墳を歩く	橿原市観光ボランティアガイドの会
第9回	2018年2月14日	ぐるっと外堀跡からめぐる郡山天守台	大和郡山市観光ボランティアガイドクラブ
第10回	2018年3月24日	先人の知恵を感じながら大和川堤防・流域を歩く	NPO法人堺観光ボランティア協会
第11回	2018年4月29日	重要伝統的建造物群保存地区とボタンの寺を巡る	五條市観光ボランティアガイドの会
第12回	2018年5月19日	「フットパス」で見る古代・中世の住吉	OSAKAゆめネット / すみよし歴史案内人の会
第13回	2018年6月9日	大和王権の地をたどる	天理市山の辺の道ボランティアガイドの会
第14回	2018年12月1日	日本一の山城と紅葉狩りハイキング	たかとり観光ボランティアガイドの会

図2-2-1　大阪・奈良歴史街道リレーウォーク第4幕「歴史の道〜Foot Path〜」開催一覧

共通のテーマに基づいてガイドウォークイベントを連続的に実施する取り組みである。「平城遷都 1300 年祭」をきっかけに 2007 年より「民間レベルでの広域的なネットワーク化」を目指して始まった。2020 年現在までに、5 つの共通テーマ（「第○幕」と表現）が設定され、各地のボランティアガイド団体がテーマに基づいたガイドウォークイベントを企画し、1 年強の年月の中で連続的に実施をするものである。たとえば、2017 年 3 月から 2018 年 12 月まで実施された「第 4 幕 歴史の道〜 Foot Path 〜」では、地域の歴史的な風景を歩きながら楽しむフットパスの実践をテーマに、14 回のウォークイベントが企画・実施された（図 2-2-1）。

　第三に、「ゆかり」やストーリーに基づく連携である。前者は、ある人物やものに共通して関係の深い地域同士が連携する、というものである。たとえば、東京都新宿区と愛媛県松山市は、2015 年に「夏目漱石をゆかりとした歴史・文化及び観光交流に関する協定」を締結した。近代日本を代表する作家である夏目漱石の出身地で歿地でもある東京都新宿区には、2007 年に区立の漱石山房記念館が開館している。ここでは夏目漱石の居宅で、執筆を行っていた漱石山房の再現や直筆原稿を中心とした展示を行っている。また、愛媛県松山市は、漱石が英語教師として赴任した地であり、小説『坊っちゃん』の舞台である。そのため、市内の伊予鉄道における「坊っちゃん列車」の運行など、漱石「ゆかり」の地であることの観光活用がなされている。この協定を通じて、たとえば新宿区のイベント（大新宿区まつり "ふれあいフェスタ"）において、松山観光コンベンション協会が出店し、観光 PR が行われた。

　また、テレビドラマやアニメに登場した人物や舞台にちなむ連携も見られている。たとえば、2020 年に放映された NHK の大河ドラマ「麒麟がくる」の主人公である明智光秀のゆかりの地や、ドラマの中で出来事が展開する地域[17]が「大河ドラマ『麒麟がくる』岐阜滋賀京都連携協議会」を組織し、共同で観光 PR を行うホームページを作成したり、京都府、福井県、兵庫県内の自治体や観光振興推進機関が「大河ドラマ『麒麟がくる』推進協議会」を組織し[18]、広域をめぐるスタンプラリーなどのイベントを実施している。さらに、草の根のゆるやかな連携の例としては、2014 年度後半に放映された NHK の連続テレ

写真 2-2-4　日本遺産の構成文化財であることを示す吉備津彦神社の幟旗（2020年4月撮影）

ビ小説「マッサン」の主人公のモデルとなった竹鶴政孝ゆかりの地である、広島県竹原市、大阪府大阪市住吉区、北海道余市町が、ドラマ放映終了後の広域観光をテーマとしたシンポジウムを開催したり、図書館における観光資料の相互展示を実施したりする動きが見られている。

　さらに、近年のストーリーに基づく連携の展開として特筆すべきは、日本遺産の認定ストーリーに基づく構成文化財を包摂した連携である。日本遺産（Japan Heritage）とは、「地域の歴史的魅力や特色を通じて我が国の文化・伝説を語るストーリー」のことであり、「地域に点在する文化財の把握とストーリーによるパッケージ化」等を通じて「地域に点在する遺産を『面』として活用し、発信することで、地域活性化を図ることを目的としている」[19] 文化庁による登録制度である。従来の文化財行政のように、地域の文化資源の保存・継承を目的とした制度というより、文化資源のブランド化を通じた活用を推進するための制度である。2015年より開始され、2020年3月現在83件のストーリーが認定されている。たとえば、2018年に認定がなされた「『桃太郎伝説』の生まれたまち　おかやま〜古代吉備の遺産が誘う鬼退治の物語〜」は、日本人にとって馴染みの深い昔話である桃太郎を題材としてストーリーが構成されている。岡山県岡山市、倉敷市、総社市、赤磐に点在する桃太郎伝説や伝説が根づく背景となる歴史的な特色を示す文化資源群を構成文化財としており、関係自治体により設立された「日本遺産『桃太郎伝説の生まれたまち　おかやま』推進協議会」によって、ホームページを通じた観光PRやモニターツアーが試行されている。

（4）まとめ

　以上、広域連携の諸類型とその事例を検討してきたが、そこから見えてくる近年の連携のあり方についての特色をまとめておきたい。

　かつては、観光が広域で連携することへの動機として、地理的近接性や地域資源の類似性によるものが主流であったが、本節冒頭において記したように、近年は観光振興に対しての「攻め」の連携のあり方が多くみられるようになっている。

　第一に、国家の観光政策をインセンティブとする戦略的な広域連携の推進である。前節において検討した観光圏をめぐる動きや、観光庁による広域観光周遊ルート形成促進事業[20]、広域連携 DMO の設立などに象徴される。こうした取り組みにおいては、観光者に対して観光の対象が広域化することによる観光経験の選択肢の多様性を訴求するというプロモーションではなく、広域で共通のブランドイメージや広域周遊ルートを巡ることにより得られる観光経験のコンセプトを明確に示すことにより、その固有性を訴求するプロモーションがなされている。

　第二に、多様な連携動機の出現である。従来の地理的近接性や地域資源の類似性を背景とした連携による誘客の相乗効果への期待、という動機のみならず、観光者に対して新しい魅力を提案することが出来るような連携である。工場夜景をテーマとした連携は、工場夜景めぐりという新たな産業観光のあり方を示す取り組みであると言えるし、テレビドラマのストーリーをテーマとした連携は、多くのドラマ視聴者の存在を背景に大規模なプロモーションがなされることにより、これまで観光地、あるいは観光対象としてあまり着目されてこなかった地域や地域資源に対しても、「ゆかり」の文脈が見出されることによって、観光対象化がなされる可能性がある。

　第三に、連携を通じた取り組みの多様化である。自治体や観光振興推進機関同士が連携することにより協議会や連絡会を設立し、統一的に観光プロモーションやイベントを実施するというあり方だけではなく、大阪・奈良歴史街道リレーウォークのように、実行委員会は、毎度のイベントのテーマを設定するゆるやかなプラットフォームとして機能し、テーマに基づいた実質的なイベン

トの企画や運営は、各地の観光ボランティアガイド団体の工夫に基づきながら
実践されているものも見られている。また、東京都の「日本各地と連携した観
光振興」のように、連携した機関同士が、等しく同じ役割を担うことを前提と
するのではなく、相互の強みを発揮しつつ役割を分担していくための連携も見
られている。

　このように、インバウンドの増加をはじめとする観光の大きな変化の潮流の
中で、さまざまな広域連携のあり方の模索がはじまっているといえる。

注

(1) 信越 9 市町村広域観光連携会議「信越自然郷」ホームページ
　　（https://www.shinetsu-shizenkyo.com/）を参照のこと。

(2) 詳細は、静岡市観光交流文化局観光・国際交流課「しずおか東海道まちあるき」ホー
　　ムページ（https://shizuoka.tokaido-guide.jp/）を参照のこと。

(3) 詳細は、一般社団法人夜景観光コンベンション・ビューローのホームページを
　　参照のこと（http://yakei-cvb.or.jp/）。

(4) 詳細は、全国工場夜景都市協議会のホームページ（https://kojoyakei.info/）を参照
　　のこと。

(5) 2019 年 10 月 5 日、SL 列車の利用者数が累計 900 万人に達した。

(6) 大井川で逢いましょう。実行委員会「大井川で逢いましょう」ホームページ
　　（https://oi-river.com/）を参照のこと。

(7) 詳細は、東京エッジコンソーシアムのホームページ
　　（http://www.tokyo-edge-consortium.net/）を参照のこと。

(8) なお、かつての大規模温泉観光地においては、大久保（2016:142）が指摘するよ
　　うに、大型の旅館に大浴場や娯楽施設を内包させ、観光者のあらゆる需要を旅館
　　の内部で囲い込むビジネスを展開してきた。

(9) 詳細は、ジャパンアルプス観光都市のホームページ（http://japan-alps.com/）を参
　　照のこと。

(10) 詳細は、せとうち DMO ホームページ（https://setouchitourism.or.jp/ja/）を参照の
　　こと。

(11) 詳細は、木次線利活用推進協議会「もっとつながる木次線」ホームページ

（http://kisuki-line.jp/）を参照のこと。

(12)　詳細は、花輪線利用促進協議会「花輪線に乗ろうよ」ホームページ
　　　（https://hanawasen-ni-norouyo.org/ouendan/index.html）を参照のこと。

(13)　詳細は、城端・氷見線活性化推進協議会「城端線・氷見線ガイド」ホームペー
　　　ジ（http://johana-himisen.com/）を参照のこと。

(14)　詳細は、ほくほく線沿線地域振興連絡協議会「ほくほくパートナーズ」フェイ
　　　スブック（https://www.facebook.com/hokkuhokupartners/）を参照のこと。

(15)　詳細は、真岡線 SL 運行協議会フェイスブック
　　　（https://ja-jp.facebook.com/slunkokyogikai.mokasen）を参照のこと。

(16)　その嚆矢として、観光アプリ「Japan2Go!」を用いた日光・会津スマホラリーを
　　　開催している（https://gokujo-aizu.com/nikko-aizu）。

(17)　岐阜県および岐阜県岐阜市、可児市、大垣市、瑞浪市、恵那市、土岐市、山県市、
　　　御嵩町、滋賀県大津市、京都府福知山市、亀岡市により構成。詳細は、「大河ドラマ『麒
　　　麟がくる』岐阜滋賀京都連携協議会」ホームページを参照のこと。

(18)　詳細は、大河ドラマ「麒麟がくる」推進協議会ホームページ
　　　（http://www.taiga-kiringakuru.com/）を参照のこと。

(19)　文化庁日本遺産ポータルサイト「日本遺産とは」
　　　（https://japan-heritage.bunka.go.jp/ja/about/index.html）より。

(20)　観光庁「広域観光周遊ルートについて」
　　　（https://www.mlit.go.jp/kankocho/shisaku/kankochi/kouikikankou.html）を参照のこと。

参考文献

天野景太（2010）「“街道”をテーマとした学習型観光の可能性：『江戸の旅人と街道
　　観光』の実践から」『日本観光学会誌』第 51 号、日本観光学会、pp.84-89。

天野景太（2016）「広域観光と観光まちづくり －大井川流域における流域観光の展開
　　を例に－」安福恵美子編著『「観光まちづくり」再考 －内発的観光の展開へむけ
　　て－』古今書院、pp.92-106。

大久保あかね(2016)「熱海の観光まちづくり再考」安福恵美子編著『「観光まちづくり」
　　再考 －内発的観光の展開へむけて－』古今書院、pp.134-149。

中尾　清（2012）『地方観光政策と観光まちづくりの展開』晃洋書房。

参考資料

観光庁「広域観光周遊ルートについて」

　　　（https://www.mlit.go.jp/kankocho/shisaku/kankochi/kouikikankou.html）。

東京都（2017）「PRIME 観光都市・東京：東京都観光産業振興実行プラン 2017」

　　　（https://www.metro.tokyo.lg.jp/tosei/hodohappyo/press/2017/01/27/documents/15_02.pdf）。

観光庁「『泊施設の地域連携に関する調査』結果 」

　　　（https://www.mlit.go.jp/common/001237638.pdf）。

ジャパンインターナショナル総合研究所内地域デザイン・ラボ編（2017）『温泉街の
　　　地域連携9つの事例集』観光庁観光産業課観光人材政策室。

国土交通省（2005）『姉妹都市交流の観光への活用に関する調査』

　　　（https://www.mlit.go.jp/common/000059350.pdf）。

（天野　景太）

第 2 部

都市観光の今日的展開

第3章

都市観光総論
～都市観光の社会文化論と近年の展開～

1　都市における観光の相克

　近年、都市、とくに大都市における観光のあり方に注目が集まっている。とくに東京や大阪における外国人観光者数は著しく増加し[1]、中心部の繁華街においては、外国語で会話をする観光者の姿が日常的に観察されるようになった。2015年にユーキャン新語・流行語大賞を受賞した「爆買い」という言葉に象徴される、中国系の外国人観光者が大金を消費しながら大量に買い物をする行動は、東京や大阪という大都市中心部を舞台とした現象として報じられた。さらには、第5章、第7章において検討するように、地域のキャパシティを超えた観光者の訪問の結果、地域にネガティブな影響をもたらす状況（オーバーツーリズム）も、局地的に生じるまでに至っている。

　京都や奈良などの、多くの文化的に貴重とされる歴史的な観光資源を多く擁する都市を除き、都市、とりわけ東京や大阪のような多くの人口を抱える大都市は、住宅や職場が密集する日常生活の場としてのイメージが強く、非日常を謳歌する観光の目的地としてのイメージは希薄であった。しかし、都市には実際に多くの観光者が訪れ、高層ビルのワンフロアを占めるテーマパークや劇場でショーを愉しみ、盛り場で飲食やショッピングを謳歌している。この意味で、都市観光の魅力要素は、日本の多くの観光地においてみられる歴史ある寺社仏閣や雄大な自然環境、あるいは温泉のような休息をもたらすようなものだけではない。天野（2016:110）は、都市に特有の観光対象を、都市の人工的な景観、専門店街、街並み、建築、都市型テーマパーク、ショーやイベント等に求めている。都市観光とは、地方における観光、景勝地や温泉地、遺跡・史跡、歴史

や伝統文化を観光資源とする観光のあり方とはまた異なる特性を有していると
いえるだろう。

　本章では、まずは都市観光の特性を、社会・文化論的な側面から読み解いた
のち、都市観光の今日的展開について、検討していくことにしたい。

2　観光実践、観光研究における都市の位置づけ

　観光研究において、これまで都市は、観光実践の舞台として、あるいは研究
の対象として、着目される機会が少なかった。その理由は、第一に、都市がた
とえば大自然や歴史的な寺社仏閣や遺跡・史跡、あるいは温泉や大型リゾート
施設などの人々が余暇活動の充足をはかる際に「魅力的」とされる観光対象に
乏しく、観光の目的地としての認知があまりなされてこなかったこと、第二に、
人口が相対的に集中している都市は、観光者を地方に「送り出す」側であり、
都市住民の地方への旅行が戦後の大衆観光における主要な流動のあり方であっ
たこと、第三に、それゆえに都市の経済や都市政策のなかにおける「観光まち
づくり」や観光による地域経済の振興という課題が、地方よりも相対的に重視
されてこなかったこと、等がある。しかし、第一に、大都市中心部における大
規模再開発に象徴される商業空間や娯楽空間の再編成の流れ、あるいは後述す
るような地域資源を見直し、まちの個性として再定義していく動きがなされ、
都市の観光的魅力が新たに見出されつつあること、第二に、日本人による国内
観光の需要だけでなく、急増する外国人観光者の日本旅行のあり方を含めて捉
えた際、ゲートウェイとしての大都市が、彼らにとっての観光の拠点として重
要な役割を果たしている現実が展開していること、第三に、それゆえ、大都市
における観光需要のさらなる喚起や、観光における魅力の創出が、都市再生や
経済振興の施策においても重要視されるようになってきたこと[2]、等により、
都市観光のあり方について、改めて問われるようになったといえるだろう。

　日本においては 2000 年代に入り、都市研究、都市計画、都市政策における
観光の位置づけという巨視的な視点と、地域づくり、観光まちづくりという微
視的な視点の双方から、都市観光への着目がなされるようになってきた。以下

では、これまでの観光研究における都市観光（アーバンツーリズム）研究の視点について、整理しておきたい。

　ロー（1993=1997）は、イギリスにおける産業都市の衰退を背景として、1980年代以降の経済政策の変化に応じて観光が着目されるようになったという前提のもと、観光対象としての都市のあり方について地理学的な知見をおもに援用しつつ論じている。「訪問者を誘致する都市の力は、明らかに多様である」とし、都市観光を「特定の環境と結びつき、訪問者を都市に誘致する総合的な活動である」と位置づけた（ロー、1997:30-31）。コンファレンスや展示会、文化・スポーツ・イベント等を都市の観光アトラクションとして位置づけ、その特徴を整理している。さらに、ホテルやショッピング、イブニング・アクティビティを都市観光の「二次的要素」として位置づけ、それらがもたらす経済効果の評価や観光への影響に関する調査の必要性を論じている。この意味で、現在の脱工業化都市における都市観光の重要性の増大について、先見的に指摘した研究と位置づけられる。

　橋爪（2002）は、都市の担い手として、住民だけでなく、観光者や出張や転勤による一時滞在者を含む人々を含んで捉える必要性から、「ツーリスト・シティ」というコンセプトを提唱した。彼は、観光や広義のビジター産業によって都市を再生させようとする気運は高まりつつあるものの、従来は「都市は住民のものである」という考え方が主流であり、日本の都市研究や都市政策においては、来訪者が都市の社会的諸活動の担い手であるという意識が薄かった、と指摘している。しかし、ハイ・モビリティ[3]な社会が現実に到来している現在においては、都市をそこに住む住民だけではなく、観光者等の一時滞在者をも担い手と見なす都市論の必要性（ホテルのメタファとしての都市）を主張し、そのようにみなされる都市を「ツーリスト・シティ」と呼んでいる。この意味で、都市研究や都市政策における都市への認識、着目視点の転換の必要性を主張している[4]。

　都市観光でまちづくり編集委員会（2003）は、「単に名所旧跡があるというだけではなく、美しい自然環境や景観、その土地固有の文化が存在し、また、おいしい食べ物と人情と人々の生活の知恵もあり、訪れる人々を魅了する都市

をつくる」ことを目指す研究会での成果に基づいたもので、観光事業者や企業人、自治体関係者などさまざまな立場からの論考を集成したものであった。この中でたとえば梅川は、都市観光の魅力要素について「見る」楽しみ、「買う」楽しみ、「食べる」楽しみ、「集う」楽しみ、「憩う」楽しみ、まちを「回遊する」楽しみと人と「交流する」楽しみに分け、その事例を論じている（都市観光でまちづくり編集委員会、2003：41-58）。さらに、全国の地方都市における地域資源を活用した観光実践の事例についての紹介がなされている。この意味で、都市地域を観光対象とみなし、「まちづくり」の視点から位置づけた研究といえる。

　淡野（2004）は、前述のローの研究等を援用しつつ、都市観光（アーバンツーリズム）を「単に観光そのものの直接的な経済効果に期待するだけではなく、観光を通じた都市の創生というべき壮大な意義」を有していると位置づけ（淡野、2004：7-8）、東京・大阪における観光実態を示した上で、それが構造的に成立するための課題について整理している。

3　都市観光の社会・文化的特質

　このように都市が「観光の場」として着目され、都市観光のあり方や可能性が模索されるようになってきているが、そもそも都市観光（アーバンツーリズム）とはいかなる特質をもつ観光形態なのだろうか。都市観光が他の観光のあり方と異なる点、換言するならば都市観光に固有の特質とは何なのだろうか。前節で挙げた諸研究においては、都市における観光、あるいは都市の特色を活かした観光としてそれは位置づけられている。また、杜（2010：50）においては「旅行者が都市の固有文化を求めて都市を訪れる」観光であると説明されている。しかし、その具体的な内容（たとえば、都市に固有の観光行動や観光対象の成立要因や、都市の固有文化について等）に対する詳細な検討はなされていない。そこで本節では、いくつかの都市社会学や消費社会論等に関する研究を参照しつつ、都市観光の社会・文化的な特質に関して論考を試みたい。

(1) 下位文化理論から捉えた都市観光

　都市観光における観光者の経験の特色として、前節において取り上げた梅川の説明にあるように、都市観光の魅力要素は多種多様であることが挙げられる。こうした多様な魅力を支えている背景は、都市において展開しているさまざまな文化的所産である。それらは、地域に歴史的に根づいている伝統的風俗や、遺跡・史跡に限らない。最先端のエンターテイメント体験や食文化、ファッションやホビーの専門店など、現代において創出されつつある文化も含まれる。都市、とくに東京や大阪のような大都市は、それ以外の地域と比較して、多様かつ固有の文化があり、そうした文化に接触し、それらを消費することが、都市観光の主要な観光経験となっているといえる。

　都市は常に新しい文化が生成され、変容していく場である。社会学者のフィッシャー（1984=1996）は、アーバニズムの下位文化理論のなかで、それこそが都市を（社会学的な意味で、農村とは区別された）都市たらしめている要素の一つであると主張している。フィッシャーは、都市化（アーバニズム）の効果を、①人口の相対的集中、②人口の異質性（年齢、民族、階層、職業…）の増大、③さまざまな下位文化（サブカルチャー）の叢生と強化、に求めている。地域にさまざまな世代、職業、文化的背景を持つ人々が集住するようになると、彼らが接触をもつことにより、さまざまな下位文化（サブカルチャー）が生成される、ということである [5]。「たとえば、1,000人に1人がモダン・ダンスに強い関心を持っているとしよう。人口5,000人の小さな街では、平均して5人、そういう人がいることを意味するが、これはせいぜいダンスについて話すのが精一杯の数である。しかし、人口100万の都市では1,000人になる。——これはスタジオや、ときどきのバレエの上演や、地域の集会場所や、特別な社会環境を支えるのに十分な数であろう。彼らの活動は、恐らく最初の1,000以外の人々を、この下位文化に引き入れるであろう（ダンス好きのあの5人組も、小さな町から移住してくる）。」（フィッシャー、1996：57）。すなわち、モダン・ダンスのような趣味人口が少ない下位文化は、「同じ趣味・嗜好を共有する人々」の少なさゆえに「小さな街」の中だけでは、モダン・ダンスの技術を磨いたり、新しい踊り方を開発したり（下位文化の叢生）、趣味人口を増やしたり（下

位文化の強化）することは困
難である。しかし、人口の多
い大都市であれば、「同じ趣
味・嗜好を共有する人々」も
相対的に多く、彼ら同士のコ
ミュニケーションの機会も増
える。そうなると、ダンスホー
ルを経営してもビジネスとし
て成立することになり、そこ
に集う人々の接触を通じて、
モダン・ダンスが影響力を持
つ下位文化として生成されて

写真 3-3-1　趣味を基底とする多様な下位文化が展開する東京・秋葉原 (2015 年 9 月撮影)

いく、ということである。東京・秋葉原や大阪・日本橋にみられる下位文化（ア
ニメやゲーム等）に関連する専門店街の生成や、東京・新大久保や大阪・鶴橋
におけるコリアンタウンの生成、東京・渋谷や下北沢における小劇場やライブ
ハウスの生成、ゲイバーや女装クラブのようなセクシャルマイノリティが集ま
るサロンの生成は、マンガ・アニメ文化、民族文化、演劇文化、女装文化など、
それぞれの下位文化の担い手が相対的に多く集まる大都市であるからこそ、生
成・展開・強化がなされる。下位文化理論に依拠するならば、都市規模が大き
ければ大きいほど、多くのかつ多様なかつ都市に特有の下位文化が展開してお
り、それが、都市住民だけではなく観光者に対しても都市観光の魅力として着
目され、観光対象となっていく。さらにそのことが、より観光者の志向を反映
した商業展開や、新たなコンセプトを取り入れた商業資本の参入等を導き、下
位文化の強化や新たな下位文化の生成がなされていくのである。

(2) 「第三の空間」論から捉えた都市観光

　都市は住宅街や工業地帯、業務地区（オフィス街）等、多様な空間的特徴を
もつ地域によって構成されている。このような多様な機能をもつ空間の中で、
観光者を受け入れた下位文化の生成と展開において中心的な役割を担っている

のが、磯村英一が「第三の空間」と名づけたエリアである。磯村は、家庭や近隣を「第一の空間」、職場を「第二の空間」と位置づけ、そのどちらにも属さない「第三の空間」[6] の存在が、都市社会の特徴であると指摘している。都市の成長とともに、都市の空間－社会構造は、職住混在から職住分離へと進んでいった。その過程で、両者の（縦割り的な上下関係を基本とする）固定的な人間関係から開放された人々が、個人として自由な時間を過ごすことのできる空間の形成が必要とされ、それが「第三の空間」の形成を促している（磯村、1975：69）。

　「第三の空間」とは、具体的には、家庭や職場から解放され、買い物や娯楽、散歩などを楽しめる空間であり、そこでは個々人が属性や身分や国籍にかかわらず、匿名的な立場で自由に参加することが可能であることを特質としている。磯村は「第三の空間」を象徴するエリアとして、都心部の盛り場を挙げ、「第三の空間」こそが都市の個性をつくり出す場所であるとする。大都市には個性的な「第三の空間」が数多く生成しており、相互に異質で匿名的な人々が散歩や娯楽や買い物を楽しんでいる。そして、ときに彼らが自由な立場で接触をもつことを通じて、新しい下位文化の生成の契機がもたらされる。たとえば、多様なジャンルの文化人が会するバーやカフェが、新たな下位文化の生成に大きな役割を果たしてきた。増淵（2012:36）は、都市におけるバックストリート（路地裏）の役割について、そこに立地する喫茶店、カフェにおける知的議論空間の生成と文壇カフェ、ジャズ喫茶などへの展開を例に「このような状況は全国の諸都市のバックストリート界隈に存在し、そこからサブカルチャーが生成されていった。そしてそれがやがて商業主義と結びつき、ポップカルチャーへと転換していくことになる。」と指摘している。駅前広場におけるストリートパフォーマンスや、特定のアイドルのファンが集まるライブ会場、国籍を異なる人々が空間を共有し、試合観戦をしながらエールを送り合うスポーツバーや居酒屋、見知らぬ来客同士で対戦に熱中するするゲームセンター、さまざまな集団がさまざまな目的を抱いて購買行動を展開する都心のショッピングモールなど、人々の自由な「第三の空間」における下位文化への接触が、都市においては活発になされている。このような、観光者であっても容易に参入が可能な都

市の「第三の空間」が、都市
観光における主たる訪問地域
となっているのである。

　日本の大都市における「第
三の空間」は、その規模をみ
るならば、交通機関における
「第一の空間」と「第二の空間」
の境界に位置する鉄道のター
ミナル駅周辺を中心に展開し
ている[7]。東京における新宿、
池袋、渋谷、秋葉原等、大阪
における梅田、難波、天王寺

写真 3-3-2　大勢の観光者でにぎわう大阪・道頓堀
（2014 年 11 月撮影）

等の地域においては、ターミナル駅の成長とともに、盛り場が形成、拡大し、
そこにおいて多様な下位文化が育まれてきた。そうして形成された「第三の空
間」の重要な担い手として、外国人を含む観光者の訪問がなされており、彼ら
の観光需要をも取り込むべく、商業空間の再編が展開中なのである。

（3）消費社会論から捉えた都市観光

　都市は文化の生産の場であると同時に、その消費の場でもある。たとえば、
ストリートパフォーマンスのような下位文化は、パフォーマーという文化の生
産者だけでは成立せず、オーディエンスという文化の消費者との相互作用を通
じて、より強化されていく。すなわち、ストリートにおけるこうした「見る－
見られる」の関係は、文化の消費者と生成者の関係として言い換えることも可
能であろう。

　とくに、一定の支持を獲得した下位文化は、一連の体験や表象としてパッケー
ジングされることを通じて商業化され、その都市の居住者や来訪者を含むあら
ゆる都市利用者（city user）たちに集合的に消費され、さらなる消費規模の拡
大を通じて、強化されたり、分化[8]していく。

　たとえば、1980 年代後半以降、韓国系を中心としたアジア系外国人の居住

がはじまり、彼らの生活や信仰を支える拠点が生成されてきた東京・新宿（大久保）界隈 (9) は、2000年代の後半に入り、マスメディアやネットメディアを起点としたドラマやK-POPを中心とした韓国サブカルチャーの流行（韓流ブーム）を背景として、ストリートにはハングル文字が溢れ、エスニックフードを提供する飲食店や韓流グッズを扱う店舗の増加を経て、近年韓国のみならず、多民族的な雰囲気を味わえる観光空間として、多くの観光者が訪れるまでに至っている。

　商業化された文化消費のあり方（規模・様態）は多様である。たとえば、国家や地方自治体が主導・支援して催行されているもの（自治体が設立・支援するオーケストラ楽団の演奏会や伝統芸能の観劇会等）、文化の生成を主導するマスメディアや芸能に関連する資本等により展開されているショービジネス（芸能事務所が経営する劇場における、所属タレントの公演等）、その他の多様なショービジネスの展開（ショーパブや小劇場、ミニシアターなど）、専門店街でのショッピングや飲食を通じて消費されるもの（東京・渋谷や原宿におけるアパレル・ファッション、東京・中野ブロードウェイにおけるホビーグッズ、広島・お好み村におけるお好み焼き等）が挙げられ、大都市においては、多様な来訪者の消費嗜好を満たすことのできる「第三の空間」が展開している。

　また近年、サービス産業の将来や「観光まちづくり」を視野に入れた地域経済の活性化において、モノ消費（モノを買ったりモノの所有によって満足を得る消費のあり方）からコト消費（サービスや経験を消費するあり方）へのシフトが主題化されており (10)、観光行動は一般にコト消費を伴うものであるとされている。確かに景勝地における「絶景」の鑑賞や、まち歩き、湯めぐり、リゾート施設における長期滞在など、一般的に想起される観光行動の例は、コト消費の範疇であるといえる。しかし、都市における観光経験は、そうしたコト消費だけにとどまらない。買い物はモノ消費の典型的な姿であろう。さらに、消費される「モノ」は、単にその道具的・機能的な側面に価値を見出して消費されるだけでなく、そのものに付随する文化的な価値が消費される側面もみられる。たとえば、外国人観光客が土産品として日本人形を購入したり、アニメーション作品の登場人物のフィギュアを購入したりする行為である。

表 3-3-1　都市観光における来訪者の消費行動の理念型

		来訪者の消費特性	
		物的・生理的な消費	精神的・記号的な消費
消費対象の価値	道具的・機能的価値	日用品等の購入、ビジネスホテルでの宿泊、ファストフード店での食事	都市公園の散策、遊園地・アミューズメントセンターでの娯楽体験、デパート・ショッピングモールの遊歩
	文化的・芸術的価値	専門店での趣味商品の購入、ご当地土産品の購入、和風旅館での宿泊、名物グルメの賞味	歴史的町並みや建築の観賞、博物館・美術館めぐり、観劇・スポーツ観戦、来訪者同士での交流（コミックマーケットなど）、地域住民との交流（おもてなし）

（天野、2016：112）

　表 3-3-1 は、都市観光における来訪者の消費行動をモデル化したものである。彼らの消費特性は、物的・生理的（食事や睡眠）な消費だけではなく、精神的・記号的な消費のありかたも包摂される。また、消費の対象となる財の価値も、道具的・機能的価値を持つものだけでなく、文化・芸術的な価値をもつものも包摂される。観光者は都市にお

写真 3-3-3　商業施設「東京ソラマチ」のにぎわい
（2015 年 9 月撮影）

ける一連の観光経験を通じて、これらの多様な消費のかたちをハイブリッドに展開している [11]。大阪観光を例に取るならば、見物、拝観を通じた歴史的文化資源の消費（大阪天満宮の参拝や大阪城天守閣の見学等）、食べる・つくるなど体験を通じた食文化の消費（道頓堀コナモンミュージアムにおけるたこやきの賞味や、食品サンプルづくり等）、アトラクションを通じた演出の消費（ユニバーサルスタジオや海遊館での楽しみ等）、特徴的な下位文化の消費（アメ

リカ村の雑貨店におけるショッピングやメイド喫茶での飲食等）が、同一の都市の中における一連の観光行動として実践される。観光者が接触する観光対象は、歴史的な水準や、行為としての水準は異なる位相に属するものであるが、観光者はこれらを1〜2日のうちに渾然一体となった同一水準の経験として消費していく。こうしたハイブリッドな消費行動が経験できるとことに、都市観光の特性を見出すことができる。

(4) 文化生成の主体から捉えた都市観光

　下位文化と観光者との関係に目を向けてみよう。観光者はハイブリッドな消費行動を通じて下位文化を消費する。ショッピングにしろ飲食にしろ、見物にしろ、まち歩きにしろ、いずれも都市観光を通じた文化の消費者としての顔である。ところが、観光者のなかには必ずしもこうした消費者としての側面だけにはとどまらない側面も観察することができる。

　たとえば、東京・原宿駅前の神宮橋とその周辺は、休日を中心に特徴的なファッションをまとった人々や路上パフォーマーが集い、おのおのの表現の場、あるいは彼ら同士の交流の場となっている。ネットメディアで存在を知った外国人を含む観光者が、彼らに対して被写体として撮影を願い出る光景も見られる。こうした表現者たちは、彼ら自身も広義の観光者といえる。観光者として東京のファッションストリートにおいてショッピングを楽しむ下位文化の消費者であると同時に、自らのファッションをストリート上で表現することで、別の観光者からの注目を浴びる、すなわち下位文化を生成しているという構造が成り立っている。ファッション文化の発信地としての原宿の都市的サブカルチャー生成の担い手にもなっているのである[12]。

　また、現在世界最大の同人誌即売イベントとして成長したコミックマーケット[13]に象徴されるアマチュアリズムをベースとした趣味者が集まるイベントを考えてみよう。コミックマーケットへの参加形態はさまざまで、サークルとしてブースを設けて、活動の成果物を販売したり、スタッフとして運営に参加したり、コスチューム・プレイヤーとして参加したり、当然販売物を購入する目的のみでの参加も可能である。彼らは、その参加形態にかかわらず、イベン

トに参加するために全国・海外から開催都市を訪れている観光者に他ならない。そして、会場においては、同人誌やその他のグッズの購入やコスチューム・プレイヤーによる表現の鑑賞といった下位文化の消費がなされると同時に、参加者同士の交流を通じて、新たな下位文化の生成やその変容・強化もなされている。

　観光人類学をはじめとするこれまでの観光研究においては、観光現象をホスト（観光地の住民や事業者など、観光経験を提供する主体）とゲスト（来訪者／観光者）という 2 つの立場の存在を前提とし、両者の関係性を分析するなかで、地域の文化変容や観光資源活用について論じるアプローチがなされてきた[14]。確かに多くの観光のあり方において、両者は固定的である。たとえば温泉旅館の仲居（ホスト）と観光者（ゲスト）との関係が、あるいはまち歩きにおける現地ガイドやイベントの主催者（ホスト）と観光者（ゲスト）との関係が、曖昧になったり逆転したりすることはない。しかし都市観光においては、必ずしもこの両者を固定的なのものとする前提はあてはまらない。ゲストである観光者がときに下位文化生成・強化の担い手となることを通じて、別の観光者（ゲスト）に対してホストとしての役割を果たす可能性もありうる。この点に関して稲垣は、ポストモダン状況におけるツーリズムのあり方の観点から、近代の「主客の厳密な分離が生じ『見る』『見られる』関係を通じて対象は一方的な視点によって客体化され商品化される」あり方から、「主客の関係が曖昧になり、自己が社会に拡散することで、観光者自身を含んで観光対象が構成される事例が見られる」あり方への変容を指摘している[15]。都市における観光施策のあり方を考えるにあたっては、こうした視点も必要となってきている。

4　都市観光における施策のあり方

　前節では、都市観光における観光対象となる多様な文化の源泉として、人口の相対的集中を背景としてさまざまな下位文化の叢生・展開がみられること、そうした、都市に特有の文化が商業化され、パッケージとして消費することが

可能な「第三の空間」がターミナル駅周辺を中心に複数形成されていること、観光者が必ずしも文化の消費者の立場にとどまらず、ときに文化を生成していく主体となりうること、等を論じた。こうした特性を背景としつつ、新たな文化的魅力の創出・発掘や、観光プロモーションを通じた誘客を行っていくことが、都市観光における施策の課題といえる。なお、一口に施策といっても、観光対象（観光施設や観光地域）に対する施策、観光者に対する施策、観光行動に対する施策、観光経営に対する施策、観光コミュニケーションに対する施策など、さまざまなレベルにおける施策が想定される。本節では、とくに観光対象と観光者に対する施策の現状と課題についての検討を試みたい。

（1）都市観光における観光対象への施策

　観光対象への施策は、下位文化理論に依拠するならば、地域の住民や自治体、観光振興推進機関が主体となって、観光者に受容されるような新たな下位文化を生成していく試みと考えることができる。天野（2016：113-115）は、観光対象の生成過程を、以下の4つの類型に分類している。以下、それぞれに対しての施策のあり方を見ていきたい。

　第一に、「任意の主体によって、当初から集客を目的として、特定の演出がなされた空間が人工的に構築されることを通じて生成される」というものである。商業資本が観光開発を通じて、テーマパークやアミューズメント施設、ショッピングモールを建設したりするものである。近年は東京・渋谷や大阪・北梅田など、ターミナル駅と既存の「第三の空間」に近接したエリアにおいて、大規模な再開発が行われており、観光拠点としての役割も期待されている。

　第二に、「任意の主体によって、地域にすでに存在している特徴的な自然環境や建築物、町並みなどに対して観光的魅力が見いだされ、周辺環境の整備（景観の向上や建物の修復、案内所の設置など）を伴いながら来訪者に対する演出が強化されることを通じて生成される」というものである。これまで観光対象としては認知されてこなかった旧街道の歴史的な街並み、高度成長期の面影を残す商店街等が、観光資源として発掘され、案内板や電線地中化などの物理的な環境整備を行った上で観光者の訪問を受けるようになる。近年はとくに、景

観法（2004 年）や歴史まちづくり法（2008 年）の施行を契機として、歴史的な建物の保全、町並みの景観整備が展開している。

　第三に、「任意の主体によって、地域において過去に起きた出来事や、その地域に伝わる食習慣や生活習慣などの目に見えない文化に対して、特定のイメージが付与されることを通じて観光的魅力を高めていく」というものである。たとえば、大阪における特有の食文化として、たこ焼きやお好み焼き、串カツ等がイメージされることによって、大阪においてそれが「本場で食べられること」が、都市観光の魅力要素になる。また、NHK 大河ドラマ「真田丸」の放映によって、大坂冬の陣における出城である真田丸の存在に着目がなされた時期に、大阪市天王寺区の真田丸跡地に顕彰碑や案内板を設置したり、商店街においてイベントを開催したりすることで、振興をはかっている。また東京都豊島区文化商工部文化観光課では、手塚治虫を中心とした著名な漫画家にゆかりの深いトキワ荘が区内に立地していたことから、『トキワ荘ゆかりの地散策マップ』を作成したり、トキワ荘マンガミュージアムを開設している。

　第四に、「任意の主体によって、地域に対して新たなイメージが付与されることを通じて観光的魅力を高めていく」というものである。たとえば、大阪市福島区の福島聖天通商店街では、「売れても占い商店街」というキャッチコピーのもと、100 人以上の占い師が日替わりで占いを行っているほか、月 1 回の占いイベントを実施している。また、観光協会や自治体の観光関連部局が運営しているフィルムコミッションは、映画やテレビ番組のロケ地を誘致することを通じて、ロケ地の観光対象化を目指す取り組みも、このタイプといえる。

　都市観光における観光対象の生成への着目は、大規模な開発を伴うことの多い第一の

写真 3-4-1　「売れても占い商店街」（福島聖天通り商店街）（2020 年 6 月撮影）

タイプへの着目が中心であった（ロー、1993＝1997・淡野、2004）。また、第
二〜第四のタイプは、地域の住民や自治体、観光振興推進機関が主体となった
内発的な「観光まちづくり」として実践されることが多く、この意味で、商業
資本のマネジメントのもと、地域にとっては外発的な形で開発がなされる第 1
のタイプとは関連が薄い、あるいは相反するアプローチであると捉えられがち
であった。しかし、たとえば天野（2006）が論じた東京スカイツリーを中心と
した観光施設の開発と墨田区観光協会を中心とした「国際観光都市すみだ」の
観光まちづくりの動きは、両者が密接に関連している。この意味で、第 1 章に
おいて取り上げたような、さまざまな主体間を媒介しつつ、戦略的に観光振興
を推進していく機関の重要性が増しているといえる。

（2）都市観光における観光者への施策

　前節では、観光者が下位文化を生成していく主体になりうることを指摘した
が、こうした動きを促進、支援していく施策、すなわち、新たな文化生成の主
体を呼び込んだり、多くの人々の接触の機会を増やしたりする取り組みもなさ
れつつある。たとえば、大阪・日本橋で毎年 3 月に開催されている「日本橋
ストリートフェスタ」は、地元商店街組合（日本橋筋商店街振興組合）の加盟
店らで構成された日本橋ストリートフェスタ実行委員会が主催し、例年 20 万

人を越える集客がなされてい
る。現在のこのイベントの目
玉は、日本橋コスプレ祭であ
り、コスプレ & キャラクター
パレードである。コスプレ祭
においては、コスプレイヤー
が、ストリート上で衣装やパ
フォーマンスを通じて表現活
動を行い、それを見物・撮影
する人々の参加でにぎわう。
このイベントは 2005 年に開

写真 3-4-2　日本橋ストリートフェスタにおけるコス
　　　　　　プレ祭り（2017 年 3 月撮影）

始されたが、当初は商店街主催の販売会を行ったり、主催者が企画する地域で活動する団体等が中心となったパレードを行っており、主催者側が用意したアトラクションを、観光者が受容するという構造であった。しかし近年は、主催者は、観光者が表現する場を提供する、あるいはコスプレ撮影可能エリアの設定や、コスプレ参加証・カメラ撮影参加証の販売、参加規約の設定といった裏方の役割を担うことで、文化生成・文化消費主体の活動が円滑に展開することができる環境の提供に移行している。

　同様の施策は、名古屋・大須において 2003 年より開催されている世界コスプレサミットや、東京マラソン・大阪マラソン・横浜マラソンのような市民参加型のスポーツイベント、千葉県柏市・埼玉県朝霞市・大阪市福島区等で実施されているストリートミュージシャンの認定制度、北海道札幌市におけるYOSAKOI ソーラン祭り等において実践されている。いずれも、都市文化の担い手を呼び込んだり、支援したりすることが、主催者の主たる役割といえる。

5　都市観光の今日的展開

　本節では、近年の都市観光をめぐる動向に関して、とくに着目すべき事象を取り上げる。

(1) ショッピングツーリズムの今日的展開

　2015 年春、中国人観光客の「爆買い」現象が、マスメディアによって大きく取り上げられた。自分のため、友人に頼まれて、自己顕示的な動機など、その目的はさまざまだが、旧正月の時期をピークに家電量販店やドラッグストアなどでお土産として大量に高級家電や化粧品等を購入する彼らの様子を、マスメディアは「日本経済の救世主」「日本社会の変革を迫る」インパクトを持った現象として報じた。彼らのショッピングの主たる受け皿となっているのが、東京や大阪などの大都市である。東京の新宿・銀座や大阪の心斎橋に立地する百貨店や量販店では、中国人観光客の旺盛な需要を取り込むため、新店舗の開設を含む戦略を展開中であった [16]。

　化粧品や日用品の大量購入は、日本人を含む中国人以外の観光者の観光行動においては、これまであまりみられなかった現象である。東京や大阪の都心部のドラッグストアやディスカウントストアは、中国語を話せるスタッフを雇用し、専用の免税カウンタを設置、ポップの文字や店頭での呼び込みの声も中国語が用いられるようになった。2020年現在は往時の熱狂ぶりは影を潜めたものの、前述の光景が日常化している。一部の富裕層による高級品の購入を除けば、彼らの物的消費の対象は、日用品や化粧品といった、特段大都市でなければ購入が出来ないものではない。ドラッグストアやディスカウントストアは全国展開のチェーン店もあり、そこで陳列されている商品の多くは、全国で販売されている日用品や電化製品であるからだ。彼らが挙ってそれらを買い求めるのは、都市に特有の文化的体験のためというより、あるいは商業空間におけるショッピングという行為そのものに対する魅力によるものというより、日本製の商品の品質と価格によるものといえる。ただし、後述するように大都市は国際空港に近接する交通の結節点であり、かつ外国人観光者にとっては日本の観光の拠点であり、多くの人々は宿泊を伴って一定時間滞在する。そのため、帰国前のタイミングで、「第三の空間」におけるハイブリッド消費の一環として、ショッピングがなされるのである。

　また、東京・築地市場や、大阪・黒門市場のように、食の専門店街の観光地化も、外国人観光者の増加とともに加速した現象である。食を活用した観光振興は、地方においては特産品を活用した地元グルメの開発・発掘がなされているが、大都市は食の生産の拠点ではなく、消費の拠点である。この意味で、大都市における食を活用した観光振興は、食品市場の見学や食の専門店街における「食べ歩き」を通じた、日本の食文化のハイブリッド消費の経験として展開している。

(2) 地域主導型観光の今日的展開

　前節において記述したように、都市観光への施策は、外発的な観光開発や観光拠点整備への着目が中心であり、また観光空間として多くの観光者の訪問がなされてきたのは、都心部の既存の「第三の空間」が中心であった。しかし近年、

これまで観光地域としては認知されてこなかったような住宅や商店が連なる地域において、地域住民や観光振興推進機関の手によって地域資源の発掘、見直しがなされ、まち歩きコースが提案され、現地ガイドの実践や観光案内看板の整備がなされるようになった。こうした潮流の嚆矢は、東京都台東区と文京区にまたがる谷中・根津・千駄木（谷根千）を文化的な単位と措定して、地域情報雑誌『谷根千』の発行を通じた地域再発見の運動であるが、21世紀に入ると、観光ボランティアガイド団体数やガイドの人数が急増[17]し、2008年には大阪市においてガイド自身の企画する「まち歩き」を有償で実践する大阪あそ歩の事業が開始された。また、2010年前後より、東京都23区内の観光協会が法人化を行い、積極的に自区の観光情報について情報発信を行うようになった。鉄道会社も、沿線の地域資源の紹介を広報誌において紹介したり、まち歩きイベントを企画・実施するようになった（関西鉄道協会都市交通研究所、2016）。なお観光ボランティアガイド団体は、市区町村の単位での団体はもとより、東京23区内でたとえば「荒川区観光ボランティアガイド」「北区観光ボランティアガイドの会」「すみだ観光ガイドの会」「江東区文化観光ガイドの会」「文京まち案内ボランティアガイド」「港区観光ボランティアガイド」「『かつしか語り隊』の会」「中央区観光おもてなしスタッフ」等、大阪市内ではたとえば「旭区ガイドボランティアの会」「てんのうじ観光ボランティアガイド協議会」「すみよし歴史案内人の会」等、特別区や行政区の単位で区内の自治体や観光協会の呼びかけに応じて組織された団体も数多く設立され、活動がなされている。

　こうした地域主導型の観光実践が大都市内部の地域においても見られるようになった背景は、第一に地域においては、人口の増加や地域産業の成長が今後見込めない成熟期のまちづくりにおいて、観光の視点を取り入れることの必要性が認識されたことがある。また地域住民においても（地域の観光化や観光ボランティアガイドとしての活動が）地域を魅力的なものとして捉え直す契機になることで、地域への愛着が醸成されることへの期待も見込まれている。

　第二に、観光者のニーズにおいては、2000年代以降、国内旅行の対象は、ガイドブックに掲載がなされている著名な寺社や景勝地、レジャー施設、温泉などへの訪問だけでなく、これまで観光対象として捉えられてこなかったよう

な地域の街並みを歩きながら、さまざまな発見⁽¹⁸⁾を重ねていくまち歩きが注目されるようになった背景がある。NHK のバラエティ番組「ブラタモリ」の人気に象徴されるように、地域において景観を鑑賞したり、文化を体験したりするだけではなく、古地図等を参考資料としながら地域に残る過去の痕跡を発見しながら、かつての風景や過去の出来事について想像する楽しみ方が提案されている。地域主導型の観光は、こうした新たなニーズに合致した観光のあり方を提供しているのである。

(3) 広域観光における都市の機能に関する今日的展開

　都市は、観光者の周遊の拠点として、国際空港や地方へと出発する、あるいは到着する人々が滞留する結節点となっている。「第三の空間」におけるコンビニエンスストアやグローバル展開しているファストフード店やカフェは、日本語や日本の食文化についてよく知らなくても、自由に入店して食品を調達したり、休憩することができる。地方の日本旅館における和室での生活様式について不慣れであっても、鍵付の個室にベッドやテーブルが並ぶ都市のビジネスホテルであれば、世界的に共通の生活様式のもと滞在することができる。

　こうした結節点としての機能を充足するために、さまざまな言語・文化的背景に対応した施設の整備や情報の提供機能の強化が行われている。たとえ

写真 3-5-1　地下鉄駅におけるインフォメーションスポット（2013 年 11 月撮影）

ば、駅や空港、観光地域における多言語表記の案内看板の設置や多言語での放送はもちろんのこと、都心部のターミナル駅や地下鉄駅にはステーションコンシュルジュが常駐し、複数言語に対応した案内業務が行われている。また、カフェやコンビニエンスストア、ファストフード店、主要な鉄道駅や列車内において、

無料の wifi スポットが提供され、観光者が自ら所有するスマートフォンを用いて、旅行中の現場でリアルタイムに情報収集が可能なインフラが提供されつつある。国際空港やターミナル駅、商業施設において、イスラム教徒の観光者向けに礼拝室（祈祷室）が設置されたり、外国人観光者向けの主要都市の事業者間で共通化されている交通系 IC カードの発売によって、公共交通機関を利用した観光の利便性向上が図られている。こうした旅行者に対する汎用的な、あるいは多様な旅行者のニーズを満たすサービスをパッケージとして提供することが、促進されている。

注

（1）大阪府観光統計調査（http://www.pref.osaka.lg.jp/kanko/toukei/index.html）によると、2017 年に大阪府を訪れた外国人観光者数は 1,110 万人にのぼる。これは、2013 年（263 万人）比で約 4.2 倍であり、日本全体の外国人観光者数（2,869 万人）の約 38％を占めている。

（2）大阪府・大阪市（2016）における「大阪都市魅力創造戦略 2020：世界的な創造都市、国際エンターテイメント都市へ加速」（https://www.city.osaka.lg.jp/keizaisenryaku/cmsfiles/contents/0000274/274613/senryaku2020.pdf）においては、「都心部における観光魅力のさらなる充実」等を通じて、まちの活性化や交流人口の拡大、消費喚起・投資拡大といったサイクルを実現していくことがうたわれている。

（3）ここでの含意は、人々の移動形態の多様化及びその量的拡大を指す。

（4）こうした視点に即し、都市における盛り場空間の社会文化史を来街者（広義の観光者）のもたらす効果に着目して解読を試みた研究（天野、2005）等もみられる。

（5）「コミュニティの規模がおよぼす最も重要な社会的効果は、多様な下位文化（ミュージシャンや学生や中国系アメリカ人のような文化的に特徴的な集団）を促進することである。」（フィッシャー、1996：56）。コミュニティの規模が大きいほど異質性が増大し、多様な下位文化のジャンルが叢生する社会的基盤となる。

（6）同様の用語（Thirdspace）を、マルクス主義地理学の理論家であるソジャ（1996＝2005）は、「『現実』の物質的な世界に焦点を合わせる《第一空間》の視角、そして「想像上」の空間性の表象を通じてこの現実性を解釈する《第二空間》の視角とに基礎を置い」た（ソジャ：13）、「オルタナティブな表明」（ソジャ：176）

として提起し、ルフェーブルの「空間の生産」やフーコー（M.Foucault）の「ヘテロトポロジー」概念をヒントとしつつ、その概念化の可能性を模索している。磯村の「第三の空間」概念は、ソジャに従うなら、《第二空間》の視角に基づいて、都市の空間を区分した場合の一類型といえる。また、オルデンバーグ（1989=2013）は、「あらゆる人々を受け入れて地元密着である」「とびきり居心地の良い場所」をサードプレイスと呼び、それがインフォーマルな公共生活の中核的環境であると位置づけている。彼はサードプレイスの例として、ビール園やメインストリート、パブ、カフェ、居酒屋、コーヒーハウスでの人間関係を例に挙げている。ここではサードプレイスのコミュニティにおける役割が強調されているが、観光における一時的なコミュニティへの訪問者においても、彼らの心地よさを担保し、彼らが異文化の中で安心して滞在可能な場所と捉えることもできるだろう。

(7) 大阪観光局による調査（2018）によると、大阪を訪問した外国人観光者（4101 サンプル）のうち、「道頓堀（心斎橋・難波）」の訪問率が 80％であった。また、大阪で体験したこととして、「買い物」が 43％、「食事」が 43％、「バー、パブ」が 15％、「着物・忍者・侍体験」が 13％、「街歩きガイドツアー」が 12％、「ポップカルチャー体験」が 10％であった。

(8) たとえば、2000 年代初頭に登場したアニメーションやビデオゲームにおける「萌え」要素の具現化を志向し、一連の世界観の提供を商品化したメイド喫茶は、その利用者の増加とともに店舗数が増加。さらに、メイドバー、執事喫茶、巫女茶屋、動物カフェなどの派生ビジネスが拡大していったことを想起されたい。

(9) たとえば、奥田道大・鈴木久美子責任編集（2001）『エスノポリス・新宿／池袋：来日 10 年目のアジア系外国人調査記録』ハーベスト社、などを参照のこと。

(10) たとえば、経済産業省における「コト消費空間づくり研究会」の設置（2015 年 4 月）など。

(11) たとえば、ショッピングに特化したインバウンドツアーの場合、道具的・機能的な価値をもつ物財の購入が中心的な消費行動となるし、寺社や歴史的な町並みなどには見向きもせず、最新の都市的サブカルチャーとの接触のみにしか関心のない来訪者であれば、文化的な価値をもつ財の記号的な消費が中心的な消費行動となる。

(12) 1977 年から 1998 年までみられた原宿駅から表参道に至る青山通りの歩行者天国は、1980 年代初等に最盛期を迎えた「竹の子族」によるディスコ・ダンスパフォー

マンスをはじめ、若者による下位文化の生成・強化の拠点であった。見物人はもちろんのこと、パフォーマーの多くも、おもに関東一円からの観光者が中心であった。

（13）1975 年以後、年 2 回（8 月、12 月）東京及び周辺都市のコンベンション施設において開催されている。

（14）たとえば、バレーン・L・スミス編（三村浩史監訳）（1991）『観光・リゾート開発の人類学：ホスト & ゲスト論でみる地域文化の対応』勁草書房。あるいは、ヴァレン・L・スミス編（2008）など。

（15）稲垣　勉「ポストモダンツーリズム：曖昧化する観光の主客構造」（山下編、2011：142-143）

（16）たとえば、以下のような新聞記事を参照のこと。「関西百貨店、免税シフト　売り上げ 3 倍超、対応強化」『朝日新聞』2015 年 9 月 1 日、朝刊 1 面。

（17）日本観光協会の調査によると、観光ボランティアガイド組織の数は 2000 年時点で 633 組織であったが、2019 年時点で 1,728 組織へと増加している。また、ガイドの人数は 2000 年時点で 16,095 人であったが、2019 年時点で 46,147 人へと増加している。とくに東京都においては、東京オリンピック・パラリンピック大会を見すえて、ガイドの人数が急増している。（日本観光協会「令和元年度観光ボランティアガイド団体調査結果」

（https://www.nihon-kankou.or.jp/home/userfiles/files/2019report_volunteer.pdf））。

（18）その含意は、地域を街路景観や路地裏の地割り、食や祭りなどの文化に触れつつ、そこから地域の歴史的な成り立ちや、地形的な特徴などを推理し、理解することを導くということである。

参考文献

天野景太（2005）「駅と街空間から捉える地域社会史：『ツーリスト・タウン』としての東京・上野」『日本観光学会誌』46、日本観光学会、pp.21-29。

天野景太（2016）「観光開発と観光まちづくり −東京スカイツリーと「国際観光都市すみだ」の展開を例に−」安福恵美子編著『「観光まちづくり」再考 −内発的観光の展開へむけて−』古今書院、pp.108-132。

井口　貢（2002）「アーバンリゾート再考：都市観光って何だろう？」『観光文化の

振興と地域社会』ミネルヴァ書房、pp.65-80。

磯村英一（1975）『都市と人間』大明堂。

エドワード・W・ソジャ（加藤政洋訳）（2005）『第三空間：ポストモダンの空間論
　　的展開』青土社（＝ Soja, E. W., 1996, *Thirdspace: Journeys to Los Angeles and Other
　　Real-and-Imagined Places*, Cambridge, Wiley-Blackwell）。

川辺謙一（2018）『オリンピックと東京改造：交通インフラから読み解く』光文社。

クロード・S・フィッシャー（松本　康・前田尚子訳）（1996）『都市的体験：都市生
　　活の社会心理学』未來社（＝ Fischer, C. S., 1984, *The Urban Experience*, San Diego,
　　Harcourt Brace & Company.）。

クリストファー・ロー（内藤嘉昭訳）（1997）『アーバン・ツーリズム』近代文芸
　　社（＝ Law, C. M., 1993, *Urban Tourism: Attracting Visitors to Large Cities*, London,
　　Mansell.）。

神頭広好（2006）『観光都市、大都市および集積の経済』愛知大学経営総合科学研究所。

関口英里（2004）『現代日本の消費文化：文化の仕掛けを読み解く』世界思想社。

淡野明彦（2004）『アーバンツーリズム：都市観光論』古今書院。

杜　国慶（2010）「都市観光に関する諸問題」『立教大学観光学部紀要』12、立教大
　　学観光学部、pp.49-57。

都市観光でまちづくり編集委員会（2003）『都市観光でまちづくり』学芸出版社。

難波功士（2007）『族の系譜学：ユース・サブカルチャーズの戦後史』青弓社。

橋爪紳也（2002）『集客都市：文化の「仕掛け」が人を呼ぶ』日本経済新聞出版。

橋爪紳也（2015）『ツーリズムの都市デザイン：非日常と日常の仕掛け』鹿島出版界。

ヴァレン・L・スミス（市野澤潤平、東　賢太朗、橋本和也監訳）（2018）『ホス
　　ト・アンド・ゲスト：観光人類学とはなにか』ミネルヴァ書房（＝ Smith, V. L.
　　Editor, 1989, *Hosts and Guests: The Anthropology of Tourism*, Philadelphia, University
　　of Pennsylvania Press.）。

小川雅司「都市観光と地域づくり：都市における観光資源を中心に」総合観光学会
　　編（2006）『競争時代における観光からの地域づくり戦略』同文舘。

増淵敏之（2012）『路地裏が文化を生む！：細街路とその界隈の変容』青弓社。

間々田孝夫（2007）『第三の消費文化論：モダンでもポストモダンでもなく』ミネルヴァ
　　書房。

安田信之助編（2019）『地域発展の観光戦略』創成社。

山下晋司編（2011）『観光学キーワード』有斐閣。

レイ・オルデンバーグ（忠平美幸訳）（2013）『サードプレイス：コミュニティの核と
　　なる「とびきり居心地よい場所」』みすず書房（＝ Oldenburg, R., 1989, *The Great
　　Good Place: Cafes, Coffee Shops, Bookstores, Bars, Hair Salons, and Other Hangouts at
　　the Heart of a Community*, New York, Paragon House.）。

参考資料

大阪観光局（2018）「平成 29 年関西国際空港外国人動向調査結果」
　　（https://s3-ap-northeast-1.amazonaws.com/content.osaka-info.jp/press_release/180419_
　　調査結果 2017 第全期プレス掲載分 .pdf）。

関西鉄道協会都市交通研究所（2007）『都市観光に期待する』関西鉄道協会都市交通
　　研究所。

関西鉄道協会都市交通研究所（2016）『都市観光とまち歩き』関西鉄道協会都市交通
　　研究所。

（天野　景太）

第4章

近年における観光拠点都市の動き

1　ビッグイベントのインパクトとイベント観光

(1)　TOKYO2020大会開催のインパクト

　2013年9月8日、2020年のオリンピック・パラリンピック（以下オリ・パラと表記）の開催都市が東京に決定した。東京の他に、イスタンブールなどの4都市が立候補した2020年の開催都市の選考であるが、国際オリンピック委員会（IOC）総会における投票の結果を知らせる様子は、早朝であったにもかかわらず、関係者や市民の歓喜の状況とともに多くのテレビ局で生放送され、主要な新聞は号外でそのことを報じた。IOC総会のプレゼンテーションの際に用いられた日本の接遇文化を表象する「おもてなし」という言葉が、同年の流

写真4-1-1　中野ブロードウェイの商業空間に掲出されている TOKYO2020 の垂れ幕（2020年3月撮影）

行語大賞を獲得した。その後、東京都心部における新国立競技場（渋谷区千駄ヶ谷）の建設をはじめとした大会会場や選手村（中央区晴海）の建設などの関連施設の整備が急ピッチで展開した。2019年5月から段階的に抽選販売された観戦チケットの累計申込数は1億枚を超えた。2020年2月、オリ・パラの開催が迫るにつれ、東京都内の商店街に

は大会の開催を知らせる旗が掲出されるなどのシティドレッシングが行われ、開催都市における地域の景観においても、開催に向けたムードの醸成が行われた。

　内閣府が東京大会決定後の 2015 年 6 月に実施した「2020 年東京オリンピック・パラリンピックに関する世論調査」によると、オリンピックへの関心度は「非常に関心がある」が 30.5%、「ある程度関心がある」が 51.4%であり、計 81.9%が関心があると回答している[1]。この意味でオリ・パラは、国民的な関心を集めるビックイベントとして認知され、報道された。

　東京は 2009 年に一度、2016 年の開催都市として立候補し、IOC 総会における投票で敗北している。その際、敗北の主要因としてメディアが報じたのは、都民の支持率の低さであった[2]。招致時に知事であった石原慎太郎は、1964 年に初めて東京で開催されたオリンピックの「成功」物語を引用し、その再来を主張したが、巨額の財政支出を伴うビッグイベントの開催は、事業仕分け等を推進し財政再建を目指す当時の政治的潮流と斉一しなかったのである。しかし、再度のオリ・パラの招致の際には、東日本大震災からの復興という大きな物語の中に位置づけられて訴求されたこともあり、高い支持率を獲得することとなった[3]。

　他方で、オリ・パラの開催に対するネガティブな言説もしばしば流通している。たとえば、小笠原・山本（2016）では、TOKYO2020 の招致を権力政治の土俵上に、福島原発事故に関する虚偽の「事実」イメージを構築したナショナリズムの昂揚を企図したイベントであるとして、複眼的な視点から批判的に検討しており、小笠原・山本（2019：3）においても、ビッグイベントがもたらす文化観光的な側面、すなわち「世界中からやってくる人びとと、競技施設だけでなく、街角で、駅で、飲食店で交流し、世界のサポーターたちが経験してきたような高揚感と一体感を覚え」る「楽しさ」の裏側に、「未曾有の犠牲と国民の生活の破壊」がもたらされることに警鐘を鳴らしている。こうしたビッグイベント批判の大きな背景として、2016 年大会の誘致の際に主要な問題として表面化していた巨額の財政支出の存在がある。大会組織委員会が 2019 年 12 月に公表した開催のための経費（直接経費）は、1 兆 3,500 億円であり、道路・

空港整備、観光振興、施設のバリアフリー化などの関連事業（間接経費）を含めると、さらに巨額となる。開催費用や市民の低い支持率がネックでオリ・パラの開催に立候補する都市が無くなってしまう懸念から、2017 年の IOC 総会においては、2024 年の開催都市（パリ）の決定と同時に、2028 年の開催都市（ロサンゼルス）の決定もなされた。

　このように、巨額の経費がかかることが見込まれながらも、オリンピックが 16 日間、パラリンピックが 13 日間という極めて限られた期間に開催されるイベントが、なぜ「招致」されたのだろうか。本節では、オリ・パラに象徴されるようなビッグイベントが、開催都市を中心とした地域の観光に対してもたらす効果や課題について検討していくことにしよう。

（2）オリ・パラの開催が観光にもたらす効果

　オリ・パラは、さまざまなジャンルのスポーツの総合的な世界大会であるが、現代におけるオリ・パラは出場選手ら関係者のみによって催行されるのではなく、競技会場において直接的に観戦する観客、メディアを通じて間接的に観戦する読者・視聴者といったさまざまなアクターを巻き込んで展開する現象となっている。それは、オリンピックが 1936 年のベルリン大会においてナチス・ドイツが大会の放映を通じて積極的に国民統合のツールとして用いたのを嚆矢として、メディア・イベントとしての色合いが強化されることによって進展した。たとえば、1948 年のロンドン大会では、BBC によるイギリス国内の全国中継がはじまり、1964 年の東京大会では全世界でのカラー衛生生中継が開始された。こうしたメディアの技術革新を背景に、マラソンのフルカバー中継や VTR のスロー再生技術などにより、誰もが選手の応援をどこでも競技と同じ時間にできるようになった。さらには 1984 年のロサンゼルス大会以降、社会的な関心の高さを背景とした商業主義的な展開（放映権料の高騰、スポンサーシッププログラムの展開）が加速したり、自国の選手のメダル獲得やそこに至る過程が大きく報じられることで、4 年に 1 度開催される「特別」なイベントとしてのイメージが社会的に共有される。そうしたイメージを背景に人々は、競技の中継をはじめとするオリ・パラ関連番組の視聴やスポンサー商品の購入

等を通じて経済的な消費を行う。観光は、こうした人々の消費の一形態として、たとえばメディアを通じた観戦だけでは物足りず、直接競技の応援をしたり、「特別」なムードを享受したいと考える人々が、競技の観戦のための開催都市への訪問、それに伴う宿泊、飲食、および観光施設への訪問などの都市観光への参加、といった形で現れる。1964 年に開催された東京大会を例に、オリ・パラの開催が観光にもたらした効果について検討してみよう。

　大会が開催されることにより、限定的な期間ではあっても外国人観光者をはじめとしたこれまでにない数の観光者が訪れることが見込まれた。彼らからもたらされる観光収入の増加は、オリ・パラが開催都市の観光に対してもたらす直接的な効果といえる。しかしながら、彼らを受け入れるだけの十分なインフラが整備されていなかった当時の東京においては、その整備のための都市開発が急速に進展することとなった。

　運輸省の推計においては、大会期間中に日本を訪れる外国人観光者は 13 万人（1 日の滞在者のピークは 3 万人）とされ、彼らを受け入れるための交通・宿泊施設の整備といった都市開発が短期間の間でなされたのである。交通網の整備においては、1961 年度に東京都の「緊急道路整備五カ年計画」と政府の「第三次道路整備五カ年計画」が策定され、首都高速道路をはじめとした道路整備が急速に展開した。また、東海道新幹線と東京モノレールが、オリンピックの開催に間に合わせて開業した。

　宿泊施設の整備においては、都心部を中心にホテルの建設が進展した。大谷ホテル（現、ホテルニューオータニ）、パレスホテル、東京プリンスホテル、東京ヒルトンホテル（現、ザ・キャピトル東急ホテル）など、大きな収容人数を誇るホテルが、皇室用地や軍用地、防空緑地であった都心部の大規模な未利用地を中心に建設され、1959 年には 30 棟であった東京都内のホテルは、5 年間で 45 棟へと増加した。短期間で大量の客室を完成させるため、ユニットバスなど現在のホテルで一般的な施設となっている技術の開発がなされた。さらに、それでも不足する客室数は、日本旅館を洋風に改装して供用したり、国立競技場に近接する市ヶ谷にユースホステルを建設したり、寺院を宿泊場所として開放する施策を展開したり、さらに次節でその現代的展開を検討する民泊の

募集がなされた。なお当時の民泊は、ホームステイの形態で外国人観光者を受け入れる家庭 (4) を募集したもので、約 500 軒（1,000 人分）が用意され、280 軒が供用された。

　観光者に対する情報提供機関としての観光案内所の整備も、1950 年代において東京都によって案内所が都民や国内観光者向けに百貨店内および東京駅、羽田空港に設置されていたが、1964 年には東京都が新宿駅に、さらに台東区と上野観光連盟が上野公園の入口に設置しており、後者においては英会話講習を受けた案内員を配置している。

　こうした都市開発がなされたことは、オリ・パラの開催がもたらした間接的な効果といえる。交通網の整備においては、このときに整備された高速鉄道や高規格道路が、その後の大衆観光の増大や各地の観光開発に対して大きな影響を与えたことはいうまでもない。宿泊施設においては、この時のホテルのオープンラッシュが契機となって、ホテルが日本人観光者を含む人々にとってより大衆的な存在となり、これまで旅館への宿泊が主流であった都市における観光者の宿泊形態の変容を促した。競技施設においては、言語が異なる人々に対しても、施設の機能や場所を認知可能とするサイン（ピクトグラム）が作成されたが、これらは以後の大会においても発展的に継承され、さらに公共空間におけるユニバーサルデザインを考慮した観光情報の提供に対する先駆的事例となった。

写真 4-1-2　ピクトグラムを用いた観光案内（新宿御苑）（2020 年 3 月撮影）

　このようにオリ・パラのように世界的に注目され、多くの集客が期待できるビッグイベントの開催は、開催期間の間に観光者からもたらされる経済・文化的な効果だけではなく、開催都市における都市（観光）開発へのインセンティブを与え、そうした開発の結果として開催後にもたらされ

る効果にも着目がなされている[5]。2000年代以降、巨額の財政支出を伴うビッグイベントと化したオリ・パラが、単なる期間限定のスポーツイベントとしてだけではないさまざまな波及効果をもたらすことを訴求する概念として「レガシー」（遺産）が強調されるようになった。オリ・パラのレガシーには、負のレガシーとなるもの、たとえばオリ・パラの競技会場として建設された施設が遊休化して管理コストが増大したり、廃墟化したり、観光者の急増によるオーバーツーリズムがもたらす諸問題といったものも想定されるが、東京2020大会においては、持続可能な開発目標（SDGs）への貢献を理念として掲げており、「アクション＆レガシープラン」を通じて、多様なレガシーを残していこうとする取り組みを行っている。

　このプランは「東京2020のビジョンを実現するための、未来に残すべきレガシーとそれを実現するための行動、アクションを規定したもの」と位置づけられており、「東京2020大会に向けたさなざまなアクション（イベント・事業等）を組織委員会が認証し、マークの付与等を行うことにより、東京2020大会とのつながりを実感していただき、『オリンピック・パラリンピック大会の機運醸成に向けた参画促進』と『レガシー創出に向けたアクションの推進』を目指」すという（公益財団法人東京オリンピック・パラリンピック競技大会組織委員会、2019）。2016年にプログラムが開始されて以降、認証事業件数は約104,300件、参加者数はのべ約8,600万人という（2019年7月現在）。同プログラムは公認プログラムと応援プログラムに分かれており、前者は政府や開催都市をはじめとする会場関連自治体、スポンサー企業等が、後者は非会場関連自治体や公益法人、非営利団体等が認証を申請可能である。こうしたプログラムには観光に関連するものも多く、日本各地の文化・スポーツイベント(たとえば、すみだ北斎美術館主催の展覧会企画「THE 北斎−冨嶽三十六景と幻の絵巻−」や、JTB 主催の観光地清掃活動「震災からの復興『熊本城の歴史を知り未来に繋ぐ』おもてなしの心でクリーンアップ大作戦など」、品川区主催のオリ・パラカラーによる橋梁のライトアップ「ヒカリの水辺プロジェクト」など）や、文化講座（たとえば、尼崎日本文化普及の会主催の外国人向けの日本文化体験講座「尼崎 de 日本文化体験！」など）、観光人材の育成（たとえば、東京商工

写真4-1-3　公認プログラムである静岡県伊豆の国市における橋脚補強事業（2020年3月撮影）

会議所墨田支部主催のインバウンド対応のデジタルマーケティング講座「訪日外国人向けSNS対策セミナー」や、藤沢市主催の観光ボランティア講習「外国人向け観光ガイド 虎の巻～東京2020大会に向けて」など）、観光施設や交通インフラの改修（たとえば、伊豆市主催の観光施設の新設・改修工事など）といった、オリ・パラに直接的に関連したものではないようなはるかに広い取り組みをも、オリ・パラのレガシーとして捉え、オリ・パラの関連事業として位置づけていく動きがみられる。

　　巨大なメディア・イベントとなった現代のオリ・パラは、単なるスポーツイベントの範疇を越えて、さまざまな「特別な」意味づけがなされることを通じて、スポーツ振興や直接的な経済波及効果のみに留まらない社会・文化に対してもたらすインパクトへの期待が、「招致」へのインセンティブとなっているわけである。

（3）おもなイベントの種類と特徴

　イベント（行事・催し）を観光現象（イベントツーリズム）として捉えた場合、常に観光対象が存在し、観光者がいつでも鑑賞や体験、サービスの享受が可能な観光（常在観光）のあり方ではなく、ある特定の期間に観光者に対してアトラクションの提供を計画的に行う観光のあり方といえる。すなわち、時間限定的ではあるが、特別な環境が出現することを背景に、通常時よりもはるかに多くのかつ多様な属性の人々が集まり、非日常的な環境の中で高揚した雰囲気を集合的に共有することが、その特徴といえる。この意味で、イベントの期間中には非日常性を演出する新たな体験が提供されるのである。オリ・パラのよう

なビッグイベントでは、オリ・パラの開催を旗印に、レガシー＆アクションプログラムに象徴されるような、特別性を制度化する事業が展開することによって、一スポーツイベントとしての枠組みを越えて、観光や観光まちづくりを含むさまざまな事業が各所において展開することになる。そのため、近年2020年の東京オリ・パラや、20025年の大阪・関西万博の招致に象徴されるさまざまなビッグイベントが、とくに大都市において、自治体や観光振興推進機関の主導により誘致がなされるようになった。もちろん、イベントの種類や規模によって、それが地域や観光事業者等に対してもたらす効果もさまざまである。そこで以下では、観光に関わるイベントの種類について代表的なものを挙げる。

1）スポーツイベント

　特定のスポーツの競技大会や啓蒙・普及活動を特定・不特定の多数の参加者を集めて実施するものである。その会場は、専用の競技場やスポーツ施設で催行される場合が多いが、駅伝やフルマラソンのように公道や公園など、本来スポーツのための用途としてではない空間を時間限定で会場として独占利用すること等で確保される場合もある。世界最大のイベントは、いうまでもなくオリ・パラであるが、特定のスポーツの国際大会（日本で近年開催された代表的な国際大会としては、たとえば、2002年のサッカーワールドカップ（共同開催の韓国と併せた観客動員数のべ270万人）、2019年のラグビーワールドカップ（観客動員数のべ170万人）など）もビッグイベントであり、国内的な「特別性」の醸成がなされた例である。その他、規模の大小はあれども、国民スポーツ大会や自治体主導の体育大会、相撲巡業や格闘技興行等もスポーツイベントの範疇といえる。

　なお、観光現象としてスポーツイベントを捉えた場合、大会の観客を観光者として、また経済的消費の対象として捉えることが一般的であるが、第3章での議論を踏まえるなら、大会の参加者も観光者となり、イベントの「担い手」となるケースも増えている。たとえば、2007年に開始された東京マラソンにおいては、世界のトップレベルの記録をもつ招待選手と同時に、一定の資格要件をクリアした市民も参加することが可能であり、3万人規模の参加者を誇る大会となっている [6]。スポーツツーリズムの研究においては、スポーツを「み

る」ためではなく「する」ための観光のあり方も含まれており、とくに後者は
地域活性を担う新たな体験型観光の形としても着目されている。

2) 芸術文化イベント

　展覧会やコンサート、演劇やサーカスの公演、講演会などの芸術・芸能や（狭
義の）文化に関わるイベントである。オリ・パラと並ぶ世界最大の芸術文化イ
ベントは、万国博覧会[7]であり、日本で初開催された 1970 年の大阪万博は、
1964 年の東京オリンピックと同様、日本や大阪の経済・社会・文化に対して
大きなインパクトをもたらした[8]。また、2005 年に愛知県において開催され
た日本国際博覧会（愛・地球博）では、3 月から 9 月の開催期間中にのべ約 2,200
万人が訪れ、総来場者の 4.6% が外国人であったと推計されている（地球産業
文化研究所、2006）。世界規模で開催される国際博覧会だけではなく、国内規模、
地域規模で開催されるものもある（国内博覧会・地方博覧会）。

　博覧会とは、ものや資料などを一同に集めてアトラクション化し、不特定多
数の人々に公開するイベントのことである。その起源は、18 世紀のイギリス、
フランスにおける国民への近代化・工業化の啓蒙を目的とした国内博覧会に求
められるが、日本においては 1871 年の第一回京都博覧会（京都・西本願寺）
がそのはじまりであり、政府主催の大規模な博覧会として 1877 年の内国勧業
博覧会（東京・上野公園）が特筆される。戦前、戦中における国内博覧会は、
政府やマスメディアが主導する、文明化や帝国主義の成果を広く大衆に伝える
啓蒙的な目的や、戦時下にあっては国威の発揚や軍国主義の培養[9]を目的と
する色合いの強いものであった。1980 年代から 90 年代にかけて、東京一極集
中の是正や地域再生が政策課題化するにつれて、地方の観光・産業振興を目的
とした地方博覧会が各地で開催された[10]。近年の地方博覧会は、食文化を中
心とした特定のテーマに基づく祭典形式での開催が主流となっている[11]。

　その他、パレードや映画祭、芸術祭、コミックマーケットに象徴されるフリー
マーケット、見本市等も、芸術文化イベントの範疇といえる。

3) 祭祀・祭礼・年中行事

　各地において宗教的な目的で催行される祭りは、元来観光目的のイベントで
はない。それぞれの地域の風俗や生活文化、宗教文化の中から生み出され、地

域住民の手により運営されて
きた行事である。しかし、そ
の儀式の形式や祭祀芸能に大
きな特徴のある祭りは、観光
化がなされ、観光者がその
様子を見物・体験する対象と
なっている。たとえば、「日
本三大祭」などとして取り上
げられることの多い京都の祇
園祭や大阪の天神祭、東京の
神田祭における神輿や山車の
行列は、観光者の見物の対象

写真 4-1-4　大阪国際見本市会場において開催された
ツーリズム EXPO ジャパンの様子（2019
年 10 月撮影）

となっている。また、地域に伝統として根付く年中行事、たとえば、青森県に
おけるねぷた祭りや秋田県の竿灯まつり、徳島市における阿波踊りなども、観
光化され、全国・海外からの観光者が殺到する例である。

4）コンベンション（会議・学術イベント）

　コンベンションとは会議や集会を意味する。会議や集会それ自体が楽しみを
目的とした催事ではないものの、多くの人々が集まり、また会場の周囲におい
て食事や宿泊といった経済的な消費を行うものである。首脳会議（サミット）
をはじめとした国際会議や政治集会、宗教大会、シンポジウムなどである。ま
た国際学会を含む学会大会も、数百人から数千人規模での世界から人々が集ま
るものもある。日本では 1980 年代から 90 年代にかけて、大都市を中心に大型
のコンベンション施設の開業が相次ぎ[12]、コンベンションの誘致が自治体の
政策課題となった。1994 年にコンベンション法[13]が制定され、法律に基づ
いて申請した市町村が国際会議観光都市（コンベンションシティ）に認定され
ると、国際会議の誘致のための情報の提供や会議主催団体が助成や融資を受け
ることができる制度が整備されている。

5）その他

　これら以外にも、特定の日時に参加者を募集して催行されるイベントとして

は、たとえば、まち歩きやウォーキングのイベント、一定の期間内であれば任意に参加が可能なイベントとしては、たとえば、スタンプラリーや都市や鉄道の路線網をフィールドとして実施されるオリエンテーリング形式の謎解きイベントなどがある。これらは、観光ボランティア団体や鉄道会社、ショッピングモールなどの集客施設の運営主体等が主催し、参加者を募集する形式で催行される [14]。

(4) 観光拠点都市とビッグイベント

　オリ・パラはもとより、コミックマーケットや食博覧会のような芸術文化イベント、大規模な国際会議のような会議・学術イベントなどは、その多くが地方よりも大都市において開催され、相次ぐコンベンション施設の開業やコンベンション法の制定に象徴されるように、大都市においてより積極的な誘致がなされている。

　その理由は、第一に、飲食施設や宿泊施設などの観光者受入機能が相対的に集中している大都市においては、多くの観光者が快適に滞在できる環境が相対的に整備されているからである。たとえば東京は、先に述べた 1964 年のオリ・パラの開催を契機として、その後も観光者受入れ機能の整備が進展した。現在では、地下鉄が整備されて各所にアクセスが容易であり、都心部の主要道路でタクシーを拾うことができる。コンビニエンスストアが随所に立地しているため、観光者が快適に滞在するための利便性を提供している。また、駅等の公共空間やその付近の街路、観光施設にはピクトグラムを用いたサインが掲出されており、日本語がわからなくても、付近に何があるのかがわかるようになっていたり、駅や主要観光地には多言語ガイドに対応する観光案内所が立地し、複数言語の観光パンフレットを入手可能である。このため、外国人観光者は、言語や文化の違いというハードルをあまり意識することなく、観光情報の入手や食料品等の購入が可能である。

　第二に、イベント前後の楽しみが充実しているからである。第 3 章において示したように都市観光の特徴の一つとして「第三の空間」の量的・質的な多さが挙げられる。都市内の地域において「第三の空間」が展開している地域の

数やその空間的規模は、地方都市よりも大都市の方が相対的に大きく、また、多くの利用者がいることを背景としたアトラクションの多さ、多彩さがある。2019 年のラグビーワールドカップの期間中、新宿駅近くの飲み屋街であるゴールデン街が、競技の観戦のために来日した外国人観光者の訪問を多く受けていることが報道された [15]。こうした報道に象徴されるように、観光者は昼にイベントに参加した後の夜や、イベントに参加しない日程において、「第三の空間」における飲食やエンターテイメントを楽しんでいる。大都市の「第三の空間」は、第 3 章において示したように、さまざまな下位文化の生成を背景としたさまざまな飲食店やエンターテイメント施設が立地しているため、観光者の選択肢の幅は多彩であり、加えてこれらの店舗は深夜時間帯に至るまで営業しているものも数多い [16]。こうした「第三の空間」は、「マス」な場として、都市の住民であろうが、日本人観光者であろうが、外国人観光者であろうが、さまざまな属性の人々を受け入れている。イベントに参加するために都市を訪れた観光者の経済的な波及効果は、こうした店舗での消費活動を通じたものまで含まれる。

　コンベンションの誘致を目指す機関においては、アフターコンベンション、すなわちコンベンション終了後の楽しみ方を呈示することによって、大都市で開催することの魅力を訴求している。たとえば、大阪観光局による「大阪 MICE 公式サイト」においては、大阪のアフターコンベンションの愉しみ方として、「能・狂言ワークショップ」「街あるきとショッピング」「ミュージアムツアー」「お好み焼き・たこ焼きづくり」「水都・大阪を巡るクルーズツアー」「産業博物館」「生け花・お茶会・着付け」「殺陣体験」「食品サンプル講座」「にぎり寿司講座」「マグロ解体ショー」といったメニューが呈示されている [17]。

　第三に、日本各地、および世界各国からのアクセスの相対的な容易さである。東京や大阪、およびその周辺の大都市は、国際空港へのアクセスが容易であり、高速鉄道のターミナルや高速道路が整備されている。反面、地方は自然環境や周辺の観光資源が大都市よりも優れている部分があったとしても、大都市や国際空港からのアクセスに課題がある。ビッグイベントが、国内外の多様な地域からの訪問がなされるという観点から検討した際、また、アジアをはじめとし

た競合する世界の観光拠点都市と比較した際、交通アクセスは大都市での開催のアドバンテージとなりうる。

　なお、観光振興推進機関である各地の観光協会は、イベント、とくにコンベンションの誘致をその業務内容に含むことを目指し、観光コンベンション協会として衣替えする動きが見られている。たとえば、1993年には財団法人名古屋観光コンベンションビューローが、1998年に財団法人横浜観光コンベンションビューローが、2002年に財団法人広島観光コンベンションビューローが、2003年に大阪観光コンベンション協会[18]が、従来の観光協会とコンベンション協会とが合併、あるいは従来の観光協会を発展的に継承する形で設立された。観光振興や観光広報とコンベンションの誘致を一体的に実施することにより、コンベンションの誘致と観光誘致、宿泊などの観光事業のマネジメント、観光的魅力の発信を一体的に実施していくことが目指されている。

　最後に、イベントと観光に関する課題についてまとめておきたい。前述のように、イベントは、その「特別性」ゆえ、それを求めて多くの観光者が開催地を訪れ、またその周辺で宿泊や飲食、エンターテイメント等に関する消費を行うのだが、それは時間限定的である。オリ・パラは世界有数のビッグイベントであり、それが観光に対して直接、間接にもたらす効果は大きいが、反面、単発のイベントであるがゆえに、その後再活用が難しくなった競技施設などが遊休化し、負のレガシーと化す可能性も否めない。このため、とくに大規模な施設を必要とするイベントの場合、施設が継続的に稼働し続けることによってはじめて施設利用料収入が運営主体にもたらされ、イベント参加者が周辺地域に対してもたらす観光需要も見込まれる。すなわちイベントを都市観光経営の手段あるいは目的として運用するには、さまざまなイベントが継続的に開催されることが必要なのである。このため、上記のようなイベントの誘致を行う機関が、重要な役割を果たすことになる。

注
(1) 全国の20歳以上の日本国籍を有する者を母集団とし、3,000人を標本とする質問票調査である。

(2)　IOC の調査においては 59％であり、開催国に決定したリオデジャネイロ市民の 77％、マドリード市民の 90％などと比較すると、最も低かった。

(3)IOC の 2013 年 3 月の調査においては、東京で 70％、東京以外で 67％の支持率となった。

(4)　民泊家庭として外国人を受け入れるためのおおよその条件として「①便所は水洗式の設備を有すること、②都心部へおおむね一時間以内の距離にあること、③大会前後の一ヶ月程度提供できること、④ある程度、外国語を解する人が家族または管理者の中にいること、⑤食事は朝食（トースト、ハムエッグ、コーヒー程度）の用意ができること」が挙げられていた。

(5)　ただし、1964 年の東京オリンピックが残した遺産は、現在のように明確に観光や地域振興を見すえたものとはいえない。「巨大イベントの誘致と地域活性化というテーマが一つの器の中で溶け合い、行政施策として表舞台に姿を見せるには、それから 20 年以上の年月が必要であった」（ジャン・ルー・シャプレー、原田宗彦、2019：32）

(6)　なお大阪においても、同規模の市民ランナーの参加を特徴とする大阪マラソンが、2011 年以降開催されている。

(7)　万国博覧会は、1851 年に開催されたロンドン万国博覧会にはじまる、国際博覧会条約に基づいて行われる博覧会である。国際博覧会には登録博覧会と認定博覧会があり、前者は、1995 年以降は 5 年ごとに半年の期間で、博覧会国際事務局における投票を通じて、おもに世界の大都市が会場に選定され、開催されている。

(8)　なお、1970 年の訪日外国人数は約 85 万人となり、前年比 40％の増加となった。

(9)　たとえば、満州事変後（1938 年）に大阪朝日新聞社の主催により開催された「支那事変聖戦博覧会」など。

(10)　1981 年の神戸ポートアイランド博覧会（ポートピア '81）が、その端緒である。

(11)　たとえば、全国菓子工業組合連合会らの主催で 4 年ごとに開催されている全国菓子大博覧会や、大阪外食産業協会らの主催で 4 年ごとに開催される食博覧会などである。

(12)　東京では、1996 年に東京国際展示場が、1997 年に東京国際フォーラムが、大阪では、1985 年に大阪国際見本市会場が、2000 に大阪国際会議場が開業している。

(13)　正式名称は「国際会議等の誘致の促進及び開催の円滑化等による国際観光の振興に関する法律」である。

（14）第6章において取り上げている大阪府の藤井寺市観光ボランティアガイドの会が主催して催行された歴史まち歩きイベント「ふじいでら秋季ウォーク ココがすごい "古市古墳群"」等が、その一例である。

（15）たとえば、「【ラグビーW杯】外国人ファン押しかけ新宿が無法地帯化」『東スポWEB』2019年9月26日（https://www.tokyo-sports.co.jp/sports/rugby/1561704/）。

（16）なお、東京2020組織委員会は、大会期間中に東京圏の鉄道の深夜時間帯の運行、終電時間の延長を行うとしている。また国土交通省は大阪市内で地下鉄を運営している大阪市高速電気軌道の協力を得て、2020年1月25日未明の地下鉄御堂筋線の最終電車を午前2時まで繰り下げる実験を行った。この実験の意図は、「訪日外国人旅行者の受け入れ拡大や消費促進を図るのため」（国土交通省、2019）としている。

（17）大阪MICE公式サイト「アフターコンベンション」

（https://mice.osaka-info.jp/page/after-convention）。

（18）なお同協会の事業は、2013年に設立された大阪観光局に継承されている。

参考文献

石坂友司、松林秀樹編著（2018）『一九六四年東京オリンピックは何を生んだのか』青弓社。

岩崎忠夫、渡辺貴介、森野美徳編（1996）『つどい：イベント、まつり、コンベンション』ぎょうせい。

大矢野栄次編（1999）『観光とコンベンション』同分舘出版。

小笠原博毅、山本敦久編著（2016）『反東京オリンピック宣言』航思社。

小笠原博毅、山本敦久（2019）『やっぱりいらない東京オリンピック』岩波書店。

岡村　祐、日比谷佳乃（2019）「東京都心部における観光案内所の設置に関する研究」『都市計画報告集』第18号、日本都市計画学会、pp.208-213。

ジャン・ルー・シャプレー、原田宗彦（2019）『オリンピックマネジメント：世界最大のスポーツイベントを読み解く』大修館書店。

浜田幸絵（2016）『日本におけるメディア・オリンピックの誕生：ロサンゼルス・ベルリン・東京』ミネルヴァ書房。

浜田幸絵（2018）『〈東京オリンピック〉の誕生：一九四〇年から二〇二〇年へ』吉川弘文館。

林　恒宏、小倉哲也編著（2018）『スポーツツーリズム概論』学術研究出版。

原田宗彦（2016）『スポーツ都市戦略：2020 年後を見すえたまちづくり』学芸出版社。

アラン・フェラン、ジャン＝ルー・シャペレ、ベノワ・スガン（原田宗彦監訳）（2013）『オリンピックマーケティング：世界 No.1 イベントのブランド戦略』スタジオタッククリエイティブ。

参考資料

日本政府観光局（2018）『日本コンベンション都市ガイド：施設の概要と公的支援』日本政府観光局コンベンション誘致部。

公益財団法人東京オリンピック・パラリンピック競技大会組織委員会『東京 2020 アクション＆レガシープラン 2019 ～東京 2020 大会に参画しよう。そして、未来につなげよう。～』（https://gtimg.tokyo2020.org/image/upload/production/q6pxblfucm1smalknuof.pdf）。

内閣府大臣官房政府広報室「東京オリンピック・パラリンピックに関する世論調査」（https://survey.gov-online.go.jp/h27/h27-tokyo/index.html）。

東京 2020 オリンピック・パラリンピック招致委員会（2014）『2020 年オリンピック・パラリンピック競技大会招致活動報告書』（https://www.2020games.metro.tokyo.lg.jp/taikaijyunbi/torikumi/syochi/pdf/syochihokokusyoall.pdf）。

日本展示会協会「展示会業界はトリプルパンチの大打撃。死活問題に直面！」（https://www.nittenkyo.ne.jp/image/200407_file.pdf）。

大阪魅力発信コンソーシアム（2019）『大阪市魅力発信事業：大阪から世界へ ツーリズム産業をアツくする 18 社』大阪市魅力発信事務局。

地球産業文化研究所（2006）「愛・地球博閉幕後データ集」（http://www.expo2005.or.jp/jp/jpn/about/post/post_b/post_b3.html）。

観光庁（2019）「ラグビーワールドカップ 2019 日本大会の観戦有無別訪日外国人旅行者の消費動向」（http://www.mlit.go.jp/kankocho/content/001320917.pdf）。

国土交通省（2019）「Osaka Metro 御堂筋線における終電延長の実証実験を実施します！：ナイトタイムエコノミーに対応した交通サービスの推進」（https://subway.osakametro.co.jp/news/library/20191226_r1_syuden_encho/20191226_r1_syuden_encho_press.pdf）。

（天野　景太）

2　都市における MICE 推進と「民泊」の増加

(1)　都市観光振興策としての MICE 推進の動き

　自治体の地域観光振興策は、地域の特性（都市、中山間地域、温泉地など）により大きく異なるが、観光拠点となる大都市は他の観光拠点と比較した場合、観光構造の複雑性を特徴とする。とくに大都市において特徴的であるのは、レジャー活動を目的とした人々ばかりでなく、ビジネスに関わる人々の滞留が一定期間多くなることである。

　近年、日本の大都市においては大規模な集まりの開催が都市観光振興策として推進されているが、それが MICE 誘致・推進策である。MICE とは、「企業等の会議（Meeting）、企業等の行う報奨・研修旅行（Incentive Travel）、国際機関・団体、学会等が行う国際会議（Convention）、展示会・見本市、イベント（Exhibition/Event）の頭文字のことであり、多くの集客交流が見込まれるビジネスイベントなどの総称」（観光庁 HP より）である。観光庁は、MICE がもたらす効果として、つぎのような4つを挙げている。1)高い経済効果、2)ビジネス機会等の創出、3)都市ブランド・競争力向上、4)交流人口の平準化（観光庁MICE 推進室、2018：14）。MICE がもたらす効果の4番目として

図 4-2-1　グローバル MICE 都市
観光庁 HP「グローバル MICE 都市」をもとに作成（2019年5月13日現在）

示されている「交流人口の平準化」には、「休日型」として観光、そして「平日型」として MICE が挙げられ、MICE 都市においては、平日・休日ともに来訪者（観光客）がいる状況の創出が目標とされている。

　このようなビジネスイベントを目的とした観光形態は、一般観光よりも消費単価支出が高いことから、近年、注目されている分野であるといわれる（山城、2016）[1]。さらに、MICE については、「デスティネーション・マーケティングの流れの一つが MICE 対応」[2] であり、「需要の予測や誘導が困難な観光需要と異なり、地域側の働き掛けによって顕在化する需要であり、地域側の取り組みが成果と直結しやすい（費用対効果を確認しやすい）という側面を持っている。」（山田、2017：39）と捉えられている。

　国は、2013 年、「グローバルMICE 戦略・強化都市」と 7 都市を選定し、MICE 誘致力向上のための支援事業を実施、さらに、2015 年には「グローバル MICE 強化都市」として、さらに 5 都市を選定し、支援を行っている（2018 年 12 月時点：12 都市が「グローバル MICE 都市」（図

表 4-2-1　MICE 担当部署を持つ自治体

グローバルMICE都市	MICE推進部署名
札幌市	札幌市経済観光局 観光・MICE推進部観光・MICE推進課
仙台市	文化観光局 観光交流部 誘客戦略推進課 MICE推進室
千葉県 千葉市	経済農政局 経済部 観光MICE企画課
東京都	東京都産業労働局 観光部 企画課
横浜市	文化観光局 観光MICE振興部 MICE振興課
名古屋市 愛知県	観光文化交流局 観光交流部 MICE推進室
京都市	産業観光局 観光MICE推進室
大阪府 大阪市	大阪府 経済戦略局 立地交流推進部 立地推進担当 立地推進担当
神戸市	神戸市 経済観光局 観光MICE部 観光企画課
広島市	経済観光局 観光政策部 MICE戦略担当
北九州市	産業経済局 地域・観光産業振興部 MICE推進課
福岡市	経済観光文化局 観光コンベンション部 観光産業課

グローバルMICE都市以外の政令指定都市	MICE推進部署名
さいたま市	経済局 商工観光部 観光国際課
新潟市	観光・国際交流部 広域観光課
静岡市	観光交流文化局 観光・国際交流課 MICE国際係
浜松市	産業部 観光・シティプロモーション課
岡山市	産業観光局 商工観光部 プロモーション・MICE推進課
熊本市	経済観光局 観光交流部 新ホールマネジメント課 誘致戦略室

中核市	MICE推進部署名
青森市	青森市 経済部 交流推進課
富山市	商工労働部 観光政策課
姫路市	観光交流局 MICE推進課
下関市	観光スポーツ文化部 観光政策課
長崎市	文化観光部 MICE推進部

観光庁 HP「グローバル MICE 都市」および各自治体 HP をもとに作成
（2019 年 5 月 13 日現在）

4-2-1 参照))。

　MICE 誘致・推進策を進めるこれらの都市は、主要交通のハブであり広域観光の拠点である。MICE 誘致・推進を行う都市は「MICE 都市」と呼ばれ、MICE 推進担当部署を持つ自治体が多い（表 4-2-1 参照）。そして、その多くが組織改正により観光課あるいは観光振興課などから MICE 推進担当部署へと部署名を変更している。この背景には、国による MICE 誘致・推進策がある。図 4-2-2 は、2014 年〜 2018 年の都市別国際会議開催件数の推移であるが、これらの都市はビジネスイベント（ミーティング）需要としての特性がみられるとともに、レジャーを目的とした訪日外国人観光客の増加傾向がみられる。

　前述のように、「平日型」と特徴づけられている MICE として、大勢の人がある特定の期間に来訪することを前提としたビジネスイベント（ミーティング）需要については、レジャー目的である「休日型」とは異なることから、受け入れ側としてはつぎのようなメリットがあるという。まず、主催者との調整において、開催日やプログラムの時間帯を多少変更することが可能であること、さらに、来訪する期間や人数がかなり早い時期にわかっているので輸送量の調整や人員配置などの準備がしやすいということである（山田、2017）。

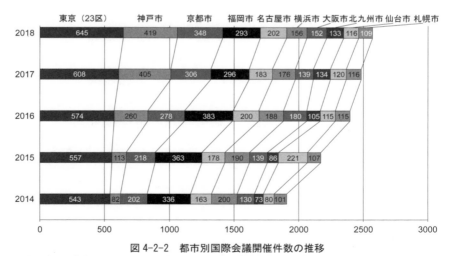

図 4-2-2　都市別国際会議開催件数の推移

観光庁 HP「グローバル MICE 都市」および各自治体 HP をもとに作成（2019 年 5 月 13 日現在）

　このようなビジネスミーティングも含むさまざまなイベント開催時や観光シーズン中など、とくに人が集中する時期、都市において問題となるのが宿泊である。そこで、次項では、とくに都市における新たな宿泊形態として注目される民泊、そして、そのなかで、「グローバル MICE 都市」の一つである札幌市を事例として取り上げることにより、民泊の現状についてみていく。札幌市は、「「札幌市まちづくり戦略ビジョン」をはじめとする各種計画において、多くの集客交流が見込まれるビジネスイベントである「MICE」を、本市を含めた北海道経済の成長をけん引する分野の一つとして位置づけ、「MICE」の誘致強化に取り組む」（札幌市 HP）とし、「（仮称）新 MICE 施設整備基本計画」を示していることからも、MICE を推進する都市における誘客と密接に関わる民泊活用が注目される。

（2）都市における新たな宿泊形態「民泊」とその課題
1）住宅宿泊事業法

　住民以外の多くの人が常に滞留している状況が作り出されている観光拠点都市では、宿泊施設の多様化が都市観光の一つの特徴として挙げられる。団体旅行より個人旅行形態を選択する旅行者の増加傾向がみられるなか、旅行の個人化に対応した宿泊形態として、近年とくに注目されるのが民泊である。

　民泊は、旅行者の宿泊先として個人住宅の全部または一部を活用することにより旅行者に対して比較的安い料金で宿泊場所として提供する仕組みであるが、国は民泊の制度設計のあり方について、急増する訪日外国人観光客の宿泊需要に対応するための宿泊施設の供給、空き家の有効活用による地域活性化、そして、多様な宿泊ニーズに対応した宿泊サービスの提供という 3 つの必要性を示している（厚生労働省、2016）。現在、おもに都市において展開されている民泊には、簡易宿所（旅館業法）、国家戦略特区（国家戦略特別区域法）、届出住宅(住宅宿泊事業法)、イベント民泊という 4 つの種類がある。このなかで、本項では、2017 年に施行された「住宅宿泊事業法」（「民泊新法」）による届出住宅として注目される民泊を取り上げる。

　「住宅宿泊事業法」は、住宅宿泊事業の届出制度や住宅宿泊管理業・住宅宿

泊仲介業の登録制度など一定のルールを定め、健全な民泊サービスの普及を図る（観光庁HPより）ものであるが、民泊の所轄行政庁は、国土交通省と厚生労働省の共管とされている。制度枠組みの基本的な考え方としては、「家主居住型（ホームステイ）と家主不在型に区別した上で、住宅提供者、管理者、仲介事業者に対する適切な規制を課し、適切な管理や安全面・衛生面を確保しつつ、行政が、住宅を提供して実施する民泊を把握できる仕組みを構築する。」（厚生労働省、2016）と示されている。

　シェアリングエコノミーという世界的な流れのなか、インターネット活用による空き部屋の貸し借りをマッチングするサービスの出現により、日本における民泊ビジネスは、宿泊業界に少なからず影響を与えている。民泊については、今日急増している海外からの旅行者の階層を広げ、観光業を国の基幹産業の一つとして定着させるうえで重要な装置である、という捉え方もみられる（たとえば、宮坂、2019）。しかしながら、民泊という仕組みに対してはさまざまな課題もみられる。「住宅宿泊事業法」が制定された背景には、民泊宿泊者の騒音やゴミ問題など、近隣住民への生活上の迷惑という社会問題が発生していることから、これに対処する必要が生じたという事情がある。

　「住宅宿泊事業法」施行後、民泊提供者の直接の受付窓口となるのは自治体であるため、住宅宿泊事業による地域への影響という点において、地域観光と密接に関わる民泊に対しては自治体の対応が注目される。前述のように、民泊新法による民泊運営には、「家主居住型」と「家主不在型」の2つのタイプがあるが、次項では、観光都市における「家主不在型」民泊について、第1章2節でも触れたように、外国人観光客の増加に伴い宿泊者数が増加している札幌市を事例として取り上げ、北海道・札幌観光振興との関わりについてみていきたい。

2）事例：北海道・札幌市における「民泊」の現状

①北海道・札幌市による民泊への対応

　民泊については、全国自治体の条例制定の状況や条例内容が「民泊制度ポータルサイト」（厚生労働省・国土交通省（観光庁））において示されているが（自治体名欄に「条例・独自ルールあり」と表記）、そこに掲載されている自治体

担当部署名の多くが保健衛生関係部署であるなか、観光に関わる部署もみられることが特徴として挙げられる。

　民泊新法施行により住宅宿泊事業に対する自治体の対応が注目されるが、本項で取り上げる札幌市は、「民泊制度ポータルサイト」において北海道（担当部署は経済部観光局）と並んで掲載されており、担当部署として経済観光局観光・MICE 推進部観光・MICE 推進課が挙げられている。北海道では、「北海道の魅力を活かした多様な旅行ニーズに対応できる民泊」（北海道総合政策部政策局、2018）の検討が行われ、住宅宿泊事業法に基づき、道内の一部の区域と期間の住宅宿泊事業を制限する条例（「北海道住宅宿泊事業の実施の制限に関する条例」（2018 年）が制定されている[3]。そして、道では、国による民泊の規制体系をもとに「家主居住型」であるホームステイやファームイン（農家民宿）を「ふれあい民泊」（おもに地方部）、また、「家主不在型」である地方の空き家およびマンションの空き家の活用など居住エリアにおいて民泊サービスを提供するものを「まちなか民泊」（おもに都市部）と分類している。そして、民泊サービスの活用により、これまで宿泊施設が十分でなかった地域など、滞在型の観光地として認識されていなかった地域においても、新たな観光地としての魅力を構築できる可能性がある、としている（北海道総合政策部政策局、2018）[4]。

　全国的に旅館業法に関わる民泊を担当する自治体の部署は保健衛生関連部署が多いなか、北海道・札幌市はともに民泊担当部署が観光部署である[5]。これは、北海道・札幌市ともに民泊に対しては、届出件数を抑制するのではなく、その普及が観光振興につながると認識されていることを示している。実際、観光庁の HP で公開されている民泊の届出件数を全国都道府県別でみると、北海道の民泊届出件数は東京都に続き全国第2位である（2018 年 12 月〜2019 年 1 月分）。

　民泊の普及を図る北海道の最大都市であり、観光まちづくりを掲げ観光客誘致を進める札幌市では（第 1 章 2 節（「地域観光と観光案内所」）参照）、2019年 9 月時点において 2,084 件の民泊が登録されているが（北海道・札幌市 HPより）、これは北海道全体の 9 割以上を占める。そのため、民泊は札幌市に集中していることがわかる。さらに、札幌市内において、民泊は中心市街地（お

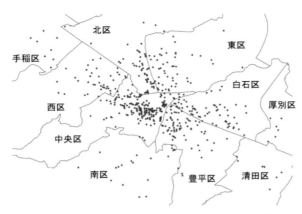

図 4-2-3　札幌市内（区別）における民泊施設の分布状況
札幌市 HP「札幌市民泊ポータルサイト　札幌市内の
民泊施設一覧」（2019 年 9 月時点）をもとに作成

**表 4-2-2　札幌市内における区
別宿泊施設数（民泊
を除く）**

地区	施設数
中央区	138
厚別区	2
手稲区	1
西区	4
東区	2
南区	23
白石区	4
豊平区	5
北区	21
合計	200

「ようこそ SAPP_RO」（2 019 年
7 月 12 日）をもとに作成

もに中央区における北海道最大の繁華街エリア周辺）に集中していることがわかるが（図 4-2-3 参照）(6)、それは民泊以外の宿泊施設が集中しているエリアでもある（表 4-2-2 参照）。

このように、札幌市内においても人口が多い中心市街地に集中している民泊の数については、全国的に民泊数が多い他の都市と比較した場合、宿泊施設数全体に対するその比率が高いことがわかる（図 4-2-4 参照）。

つぎに、先述のように、民泊ビジネスの問題となる近隣住民への対応として、札幌市は道との共同運営による「北海道・札幌市民泊コールセンター」を開設し、住民からの民泊に関する苦情や通報を受けつけている他、「札幌市民泊総合受付窓口」にて民泊制度に関する問い合わせ、民泊の届出受付、民泊（違法民泊を含む）施設に関する苦情、通報等に対応している。「札幌市民泊総合受付窓口」(7) に関する札幌市のホームページ上には、「民泊施設（無届の施設を含む）に関する情報提供について」として、具体的な項目（たとえば、「民泊の実施に気づいた具体的な理由の例」や「具体的な迷惑行為等の例」）が示されていることから、情報提供をしやすい仕組みづくりが行われている。

札幌市の「住宅宿泊事業の運営状況について（令和元年 8 月 31 日時点）」(8)

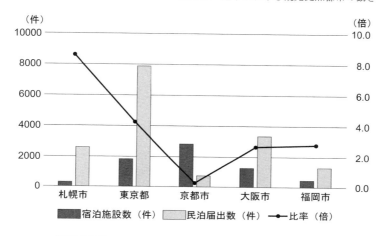

※宿泊施設数については2019年7月現在、民泊施設数については2020年1月9日現在のデータを使用。

図 4-2-4　各都市の宿泊施設数全体における民泊数の割合

ホテルバンク HP および「民泊制度ポータルサイト」（「住宅宿泊事業法に基づく届出及び登録の状況一覧」）をもとに作成

によると、民泊総合窓口等への苦情通報件数は 216 件（2019 年 9 月 3 日時点）であり、そのなかで一番多いのが苦情通報（届出住宅に関する：113 件、違法（無届）民泊等に関する：68 件）となっており、それぞれの通報に対する対応が記されている。たとえば、違法民泊については保健所環境衛生課への対応依頼、届出住宅についてはコールセンターおよび観光・MICE 推進課による対応（現地調査など）であるが、その他として、消防法令違反（疑）については消防局と連携して対応、仲介サイトに関する苦情（無届施設の掲載等）については観光庁等を通じた掲載情報の削除依頼などがある。

　このように、民泊に関するトラブル対応にはさまざまな機関との連携が求められることから、「住宅宿泊事業法」施行後、民泊対応において自治体の果たす役割は大きいことがわかる。本項で取り上げた北海道、なかでもとくに札幌市では民泊が観光推進のツールとして活用されている。しかしながら、自治体側は民泊運用に対しては支援ではなく、あくまでも監督する立場にある。そのため、民泊の適切な運用については国・自治体の対応ばかりでなく、民泊事業

者の動きが注目されることから、次項では、札幌市における民泊事業者の動き
とともに、民泊推進における課題について考えてみたい。

②民泊推進における課題

　北海道における民泊について、道は、空き家の有効活用や交流人口拡大のツー
ルとして期待される一方、安全面・衛生面などの課題があるとしたうえで、観
光振興や地域経済の活性化に結びつけていくことが今後の民泊の地域展開にお
いて重要としている（北海道総合政策部政策局、2018）。

　民泊の安全面・衛生面などの課題対応に関しては、自治体同様、民泊推進団
体の役割も大きい。北海道では、民泊推進団体（「北海道民泊観光協会」）が設
立され[9]、前項で示したような届出住宅に関する苦情への対応が行われてい
る他、観光振興へ向けた自治体との連携もみられる。そして、観光振興という
点においては、ホテルなどの宿泊施設やタクシー業界などとの連携強化が考え
られているという[10]。

　2019 年 8 月時点、札幌市における民泊の届出件数（2,334 件のうち廃業など
は 257 件）のうち、受理された件数（2,022 件）のなかで、「家主不在型」（1,842
件）が 9 割以上を占める（「家主居住型」は 180 件）。そのため、都市部におけ
る民泊の特徴として挙げられる「家主不在型」については、札幌市の場合、と
くに都市観光拠点エリアにおけるハイシーズン中の宿泊施設不足や宿泊料金の
高騰への対策として期待されている。しかしながら一方で、民泊事業において
は、国がガイドラインで求めている「消防法令適合通知書」（「……住宅宿泊事
業の適正な運営を確保する目的から、消防法令適合通知書を届出時にあわせて
提出することを求めるものである」消防庁 HP より）の交付に関わる課題があ
る。新聞報道（日本経済新聞：2018 年 10 月 4 日付）によれば、市内全体の 7
割にあたる約 700 の民泊施設においては、国がガイドラインで提出を求めてい
る「消防法令適合通知書」の交付を受けておらず、消防法上の不備も見つかっ
ているという。運用は自治体によって異なるとされる民泊事業における消防法
令であるが、民泊（家主不在型）が提供されている建物（とくにマンションな
どの集合住宅）内では、災害発生時、旅館やホテルなどの宿泊施設とは異なり、
民泊事業者（民泊提供者）ではない住民と民泊利用者が同じ建物内に居る状況

が生じることから、札幌市においては消防法令に適合していない民泊をいかに減らすかが課題の一つといえよう。

　本節では、地域外から人を集める装置としての MICE 推進とともに、集客に対応する宿泊施設に関する新たな制度としてはじまった都市部における民泊の動きを取り上げたが、これらは外部から人が集まるという都市の特性を示すものである。住宅宿泊事業法（民泊新法）は新たにはじまった制度であることから、その運用についてはさまざまな課題がみられる。北海道・札幌市においては、民泊事業者の動きが活発化しており、監督する立場である行政側（道・札幌市ともに担当は観光部署）においても民泊活用による観光振興へ向けた取り組みがみられる。先述の北海道による民泊のあり方に関する文書には、「住民や観光客の安全・安心の確保を第一に」という文言が入れられている（北海道総合政策部政策局、2018）。そのため、観光振興へ向けた取り組みにあたり、とくに中心市街地に集中する「家主不在型」民泊が多い北海道最大の都市である札幌市においては、住民や観光客の安全・安心へ向けて、さまざまな状況変化への対応が求められる。

　全国的に個人旅行の増加やインバウンド需要が高まっている。この傾向が顕著である北海道のなかでも観光拠点都市である札幌市においては、宿泊施設の多様化として民泊の増加が地域観光の特徴として挙げられることから、今後、民泊活用による地域観光がどのように変化していくかが注目される。

注
(1)　「福岡市は、「世界 No.1 のおもてなし都市・福岡」の実現をめざす福岡観光・集客戦略 2013 を策定し、その大きな柱の 1 つに MICE を位置づけ。」（福岡市経済観光文化局、2014）としている。
(2)　デスティネーション・マーケティングとは、「旅行目的地を商品として捉え、最大の経済効果を上げるために消費者のニーズを満たそうとする誘客活動」（JTB 総合研究所（https://www.tourism.jp/tourism-database/glossary/destination/2020/4/8）より）。
(3)　北海道 HP「北海道住宅宿泊事業の実施の制限に関する条例」
　　（http://www.pref.hokkaido.lg.jp/kz/kkd/minpaku/regulation.htm/2019/9/3）。

(4)「ふれあい民泊タイプ」を「ホストとの交流や、文化・暮らしの体験など、地域とのふりあいを楽しむ」、そして「まちなか民泊タイプ」を「ルールを守った利用で、居住環境との調和を図る」(P.17) としている。

(5) 札幌市の民泊担当者によれば、その理由として、北海道庁の民泊担当が観光部署であることから、道内における民泊件数が圧倒的に多い札幌市も観光部署が担当しているという（札幌市経済観光局観光・MICE 推進部観光・MICE 推進課へのヒアリング調査より：2019 年 9 月 10 日）。

(6) GIS 上では重複する建物の住所を整理し、574 件を表示していることから、中心市街地では同じ建物に複数の民泊が集中していることがわかる。

(7)「札幌市民泊総合受付窓口」への問い合わせ先としては、経済観光局観光・MICE 推進部観光・MICE 推進課の他に保険福祉局保健所環境衛生課も示されている。

(8) 札幌市観光・MICE 推進課による提供資料より。なお、通報件数については、注として、1 件の通報で複数の内容を含むことが明記されている。

(9) 北海道民泊観光協会は札幌ホテル旅館協同組合の賛助会員となっている。

(10) 北海道民泊観光協会理事への聞き取り調査より（2019 年 9 月 10 日）。

参考文献

小林友彦他 (2018)「住宅宿泊事業法（民泊新法）に関する諸論点」『商学討究』第 69 巻、第 2・3 号、pp.91-110。

守屋邦彦 (2017)「MICE とデスティネーション・マネジメント」『観光文化』234 号、pp.20-23。

宮坂恒治 (2019)「民泊で観光立国へ：インバウンド需要を取り込み」『金融財政ビジネス』第 10798 号、pp.14-16。

山城泰幹 (2016)「観光者経験の視座による都市観光マネジメントに関する研究 －北海道札幌市および沖縄県那覇市の比較分析を通じて－」『都市学研究』第 53 号、pp.9-16。

山田雄一 (2017)「デスティネーション・マネジメントの理想と実践での現実」『観光文化』234 号、pp.38-42。

参考資料

観光庁 MICE 推進室 (2018)「MICE の誘致・開催の取組について」（第 12 回国際会

　　議等の北海道開催の推進に係る各省庁連絡会議、資料 3」。

観光庁 HP

　　「グローバル MICE 都市」

　　（http://www.mlit.go.jp/kankocho/page03_000049.html/2020/2/6）。

　　「MICE の誘致・開催の推進」

　　（http://www.mlit.go.jp/kankocho/shisaku/kokusai/mice.html/2019/4/1）。

　　「近年の日本における MICE 開催状況」

　　（http://www.mlit.go.jp/kankocho/page03_000047.html/2020/2/6）。

　　「国際 MICE の経済波及効果算出結果について」

　　（https://www.mlit.go.jp/common/001231981.pdf）。

　　「住宅宿泊事業法」

　　（http://www.mlit.go.jp/kankocho/shisaku/sangyou/juutaku-shukuhaku.html2019/4/8）。

厚生労働省（2016）「「民泊サービス」の制度設計のあり方について」（「民泊サービス」
　　のあり方に関する検討会最終報告書）

札幌市 HP

　　「札幌市民泊総合受付窓口」

　　（https://www.city.sapporo.jp/keizai/kanko/minpaku/minpakusougou.html/2019/7/24）。

　　「札幌市民泊ポータルサイト　札幌市内の民泊施設一覧」

　　（http://www.city.sapporo.jp/keizai/kanko/minpaku/ichiran.html/2019/10/11）。

　　「令和元年度版　札幌の観光」

　　（http://www.city.sapporo.jp/keizai/kanko/statistics/documents/r1sapporonokanko.pdf）。

札幌市観光協会 HP「ようこそ SAPP_RO」:「札幌の宿泊施設」

　　（http://www.sapporo.travel/choose/hotel/station/2019/7/12）。

消防庁 HP「民泊における消防法令上の取扱い等について」

　　（https://www.fdma.go.jp/mission/prevention/suisin/items/minpaku_leaf_horei.pdf）。

福岡市経済観光文化局（2014）「「グローバル MICE 戦略都市」福岡の取組みについて」。

北海道総合政策部政策局（2018）「地域における新たな民泊のあり方 〜法施行に向け
　　たとりまとめ〜」。

日本政府観光局

　　「コンベンションの誘致・開催支援」

　　（https://mice.jnto.go.jp/documents/statistics.html）。

「国内都市別 国際会議開催件数 一覧表（資料編 1）」

（https://mice.jnto.go.jp/assets/doc/survey-statistical-data/cv_tokei_2018_shiyohen1.pdf）。

日本経済新聞「民泊、国が求める「消防通知書」札幌 700 施設　交付受けず」2018
年 10 月 4 日 夕刊　p.11。

ホテルバンク HP（https://hotelbank.jp/japan-hotel-operation-2019july/2020/1/29）。

民泊制度ポータルサイト

「住宅宿泊事業法の施行状況」

（http://www.mlit.go.jp/kankocho/minpaku/business/host/construction_situation.
html/2020/1/31）。

「住宅宿泊業法に基づく届出及び登録の状況一覧」

（ https://www.mlit.go.jp/kankocho/minpaku/business/host/content/001324297.pdf）。

（安福　恵美子）

第3部

「観光まちづくり」再考

第5章

「観光公害」再考
～環境社会学的視点からみた観光公害の捉え方～

1　はじめに

　近年、第3章において論じたような「爆買い」に象徴される中国系外国人観光者の購買行動や、第4章において論じたような彼らの宿泊先の不足に伴う都市部における民泊のさらなる推進に向けての規制緩和、全国各地における外国人観光客誘致を見据えた観光まちづくりの取り組みなど、現在の日本ではインバウンドのさらなる進展に向けた積極的な対応がなされている。そして、それらが2020年までに年間4,000万人の外国人観光者の訪問を目指す政府目標の表明と相まって、ポジティブなイメージを伴いながら報道がなされている。

　他方で、急激な外国人観光者の増加に伴い、地域のキャパシティを超えた来訪を受ける観光施設や、高騰する宿泊施設の料金、観光者らの行動がもたらす地域環境の悪化や宿泊業界をはじめとした既存の観光ビジネスへの影響に対する不安が指摘されるなど、グローバル化した観光現象の量的拡大に伴うローカルな局面における「ひずみ」の増加・多様化が、今後一層進展していくことが予想される。たとえば、都市部における民泊の拡大は、地域社会への関わりがきわめて希薄かつ匿名的な観光者が、一般住宅に短期的に滞在し、次々に入れ替わるという事態の日常化を意味する。そして、それがもたらす不安や、宿泊者が発生させる騒音等の影響が、地域の問題として顕在化しつつある[(1)]。

　かつて、1966年において、日本観光学会が発刊していた『日本観光学会研究報告』において、「観光公害」に関する論考が発表された（小池、1966）。本章では、小池が提唱したこの概念を現代的文脈を踏まえつつ再定義する作業を行う。それを通じて、観光現象の進展に伴って地域の環境や住民に及ぼす影響

について、体系的に把握するための枠組みを提示した上で、その特色の考察を試みる。なおその際、公害や環境問題をめぐる社会過程の分析について豊富な理論的・実証的な研究の蓄積をもつ環境社会学の分析枠組みをおもに参照しつつ、観光公害の概念整理、及びその特色の考察を試みていく。

2 「観光公害」の用法及び先行研究

(1)「観光公害」という用語の登場とその定義

　「観光公害」という用語は、上述のように1966年に発表された小池論文にその起源を見出すことができる。この時代は、高度経済成長に伴って水俣病（1956年に公式認定）や四日市ぜんそく（1960年）等の社会的災害が「公害」として社会問題化し、被害の恢復を目指した住民運動や法廷闘争が本格化した時期と軌を一にしている。

　小池は、観光公害を「観光事業はいわゆるサービス部門に属するものであるから、企業としても工場のような生産活動を行うものとは性格を異にするものであるが、その活動は一般の社会生活と密接な関連を持ち、その関連の中で大衆の観光という社会活動にサービスすることによって営業を続けるという目的遂行の立場から逆に大衆の観光を侵害する場合が生じてくることがある。これをここでは観光公害と呼ぶことにする。（建設業界による文化財の損傷等は含まない）」と定義している。その具体例として、①社寺の囲い込み、②旅館の景勝占有、③観光会社の土地占有、④観光施設の占有、などを挙げている。①は、これまで自由に参拝が可能であった寺社境内への立ち入りを有料化することにより、観光者の観光行動の阻害につながるとし、②は、景勝地の鑑賞が旅館の宿泊者にしか出来なくなることで、観光企業による勝景の損傷と、普遍的な一般の観光目的の阻害につながるとし、③は、普遍的であるべき観光の要求を選別することになるとし、④は、温泉地において特定の泉源を特定の温泉旅館が独占することによって、観光者の選択肢が狭まるとしている。畢竟、小池の観光公害概念においては、被害の主体は観光者であり、これらの被害は（事業の遂行のための意図せざる結果であるにしろ）観光事業者によってもたらされる、

という構造として描かれている。地域における相次ぐ観光開発を通じて、さま
ざまな観光経験の制度化、事業化が進展した時代背景を反映した定義であった
といえるだろう。

（2）観光の負の側面に関する先行研究の展開

　筆者の調査した限りにおいて、小池論文以降現在に至るまで、観光研究に関
する文献や学会誌において、「観光公害」をテーマとして取り扱った研究は確
認できなかった。地域の自然環境やまちづくりに関する関連研究の中で、わず
かに用語の使用が確認できるのみであった[2]。

　観光研究においては、観光のもたらす逆機能（negative impact）に関しては、
公害という視点からではなく、1970年代以降、「マスツーリズムの弊害」とし
て定型化され、その実態と解決に向けての研究が蓄積されていくことになる。
文化人類学的な観光研究を中心に、地域において多くの観光者（マスツーリス
ト）を受け入れるべく、規模を重視した開発がなされることで、自然環境の破
壊がもたらされたり、観光経験が商品化され、マスツーリストによって大量に
消費されていく中で、地域の伝統文化や地場産業に変容や衰退がもたらされて
いくことが、批判的な視点から明らかにされてきた。近年は、それらの弊害を
乗り越えるための新しい観光実践として、エコツーリズムに象徴される持続可
能な観光のモデルが提起され、多くの研究がなされてきていることは言を俟た
ない。

　こうした研究の潮流が成立している中において、本章において「観光公害」
概念を現代の文脈を意識しつつ再定義するという戦略の必要性を主張する所以
は、以下の理由による。

　第一に、マスツーリズムの弊害に着目する研究において、文化人類学的なア
プローチを中心に、観光現象を構成する主体をホストとゲストという二者に集
約し、各主体間の関係性を分析したり、一方の主体のあり方を論じる研究が中
心をなしていることである。観光のもたらす逆機能の影響は、必ずしもこの両
者のどちらかを加害・被害主体として固定的に論じることが適切ではないよう
な多様性を孕んでいる。また、持続可能な観光のモデルを追求するというアプ

ローチは、現状の観光のあり方とは異なった、別の選択肢を提示するという根本的解決を要請するものであり、依然としてマスツーリズムが支配的な観光形態としてある現代において、具体的に発現する問題を切り分け、その解決策を模索していく、という視点が手薄になりがちなのではないか、という理由である。

　第二に、「公害」という、特定のかつ広範囲の主体に実害が発生しているというニュアンスを含意する用語を積極的に用いることで、それが社会的に解決が要請されている問題として印象づけ、語ることができる、という理由である。この点は、とりわけ被害主体の現状の記述や、彼らの立場から解決策を模索するという視点を導入できるという点で有益な戦略であろう。

　なお第二の点に関連して、ジャーナリズムの領域において観光公害という表現は、そのインパクトを狙ってか、継続的にしばしば登場している。その一例として次項では、新聞記事におけるあり方を見ていきたい。

(3)　メディア（新聞記事）における「観光公害」の用法

　過去の新聞報道において「観光公害」という用語が見出し、および本文に登場した記事数は、朝日新聞（1879 年から 2016 年 5 月まで）では 43 件（初出は 1969 年、直近の記事は 2007 年）、読売新聞（1986 年 9 月から 2016 年 5 月まで）では 21 件（直近の記事は 2008 年）、日本経済新聞（1975 年から 2016 年 5 月まで）では 13 件（初出は 1976 年、直近の記事は 1996 年）、毎日新聞（1872 年から 2016 年 5 月まで）では 29 件（初出は 1973 年、最新記事は 2014 年）であった[3]。いずれの紙面においても 1960 年代から近年に至るまで、幅広くみられた。

　これらの記事の見出しのいくつかを、以下に示す。
・今日の問題 観光公害（『朝日新聞』1973 年 8 月 17 日夕刊）
・観光公害悩む町並み：異人館の人気高めたドラマ（『朝日新聞』1982 年 9 月 4 日朝刊）
・［チョモランマ北・南］三国登山を待つ（4）素朴な心乱す"観光公害"（『読売新聞』1987 年 11 月 26 日夕刊）
・観光公害 環境破壊・サンゴに異変 米大陸の周辺海域：4（『朝日新聞』1991

年1月11日朝刊）、

・世界遺産 楽じゃない：騒音ゴミ「観光公害」／費用が重荷 断念も（『朝日新聞』
2011年6月22日朝刊）

　いずれも、観光者の影響により、地域に特有の自然資源や文化資源が破壊、
損傷されることを憂う論調である。マスツーリズムの弊害を具体的な事例に則
して描写した記事ともいえる。この傾向は上掲の記事を含む全ての記事に共通
して見出すことができ、すなわち新聞記事における「観光公害」の含意とその
取り上げ方においては、観光者が（ときには観光事業者が）、地域の自然・文
化資源を破壊する、あるいはゴミや騒音を発生させる加害者として措定されて
いる。これは、観光研究者である石森の筆によるコラムでの含意においても例
外ではない[4]。この意味で、観光者を被害主体として措定する小池論文にお
ける用法とは真逆である。本章において再定義する観光公害概念は、特定の対
象を加害・被害主体として措定することはせず、多様な加害・被害のタイプを
包含する概念として構想したい。

3　観光公害の定義とその特徴

(1)　公害・観光公害の定義

　公害とは何か？現行の環境基本法においては、それは「事業活動その他の人
の活動に伴って生ずる相当範囲にわたる（1）大気の汚染、（2）水質の汚濁、
（3）土壌の汚染、（4）騒音、（5）振動、（6）地盤の沈下及び（7）悪臭によって、
人の健康又は生活環境に係る被害が生ずること」と定義されている。こうした
法律用語としての定義は、公害をめぐる紛争において公害認定等の線引きが主
たる目的であるので、被害を引き起こす現象が詳細に規定されているが、日常
用語としての公害は、人為的な働きかけに起因し、広く社会的に危害を及ぼす
現象全般に用いられることも多い（たとえば、食品の製造工程において有害物
質が混入し、消費者に健康被害を及ぼす「食品公害」等）。

　日本における公害という用語は、法律用語としては1896年に公利あるいは
公益の対概念として、河川法において使用が開始され、戦前期においては、工

業による農林漁業への被害という産業間の対立という構造をなしていたが（宮本、2014）、戦後高度経済成長期には、市民への健康被害を及ぼす事案が拡大し、反対運動や裁判闘争を経る中で社会問題化していくことになる。

　鳥越（2004）は、公害を産業公害と迷惑公害に分類している。前者は水俣病・四日市ぜんそくなどの公害病の発生に象徴されるものであり、加害主体・被害主体の明瞭性が特色である。後者は、日照権・騒音・悪臭などの生活に恒常的に支障を来す公害であり、1970 年代頃から問題化した。被害主体は加害主体との話し合いなど、当事者同士の解決ではなく、市役所への陳情など、第三者への解決を依頼することが特徴である（たとえば、公害等調整委員会事務局編、1999）。この意味で加害主体を明確に特定したり、加害者・被害者以外の主体の介入が望まれたりなど、構造的な複雑さを孕んでいる。

　上述の公害の定義を受けて、本章では観光公害を「観光開発、観光事業、または観光者の観光行動等によって直接的、間接的に発生し、特定の環境または主体に対し何らかの危害・支障を及ぼしている事象、または及ぼすおそれのある事象」と定義したい [5]。

　観光公害発生のトリガは、観光者の観光行動だけではなく、観光事業者の事業活動を含む多様な要因が想定され、かつそれらが複合的に現れることで発生する可能性もある。また、危害・支障を引き起こす可能性のある現象は、環境基本法に規定されている 7 項目の他にも、風評被害や景観破壊に象徴される風致環境の悪化等も想定できる。

（2）被害構造論から捉えた観光公害

　観光公害においては、小池論文と新聞報道における齟齬に見られるように、加害主体と被害主体は特定のもの、あるいは曖昧なものではなく、さまざまな主体が想定され、両者の組み合わせは多様であるといえる。

　加害主体として想定されるのは、①観光者、②観光事業者、③観光に間接的に関与する個人または事業者、④その他、である。①は、観光者が観光行動を展開した結果として、地面が踏み荒らされたり、ゴミが遺棄されたりして自然環境や地域の生活環境が汚染される、といったケースがある。②は、観光開発

に伴う自然破壊や、事業活動に伴い発生する騒音、排水、悪臭などが敷地外に広がる、といったケースがある。③は、たとえば、観光者を顧客としている小売店が騒音を発生させたり、観光施設誘致を目論む自治体が土壌汚染を伴いかねない観光開発を推進する、といったケースがある。④は、原発事故を起こした電力会社などが、観光対象を含む周辺地域に立ち入り禁止区域を発生させる、といったケースがある。産業公害としての観光公害の加害主体は観光事業者、迷惑公害としての観光公害の加害主体は、観光事業者に加え観光者のケースもあり、さらに両者が複合的に関わり合うなかで公害が形成されるケースも想定される。

　被害主体として想定されるのは、①観光者、②地域住民、③観光事業者、④その他、である。①は、多数の団体旅行者が宿泊施設や休憩所を占拠することで、その他の観光者の自由な観光行動が阻害される、といったケースがある。②は、観光者が住宅地の生活道路に路上駐車し、住民の通行の阻害要因になったり、彼らが私有地に進入したりするケースがある。③は、原発事故に伴う風評被害によって観光者が減少したりするケースがある。④は、自治体が住民から徴収した税金を用いて観光者が路上に投棄したごみの清掃を行ったりするケースがある。

　これらの加害主体が被害主体にもたらす事象が、被害が継続的に生起することにより構造化し、被害主体は恒常的に健康被害や精神的苦痛、経済的損失を被ることになる。公害研究において被害構造論を展開した飯島（2000）によると、加害－被害構造とは「さまざまな人間活動の結果として発生した環境悪化が、ひとびとの健康や生活に悪影響を及ぼし、そこで生じた健康被害や生活被害が、もろ

写真 5-3-1　観光者で賑わう鎌倉小町通りとマナーを呼びかける垂れ幕（2020年3月撮影）

表 5-3-1　多様な加害－被害構造

→加害主体／↓地域の被害対象	観光者主体の加害	複合要因での加害	観光事業者主体の加害
環境被害	自然公園における草木の踏み荒らしやごみの投棄など	旅行会社と観光客との共謀による野生動物へのえさやりなど	リゾートなど観光開発に伴う自然破壊、景観破壊など
複合的被害	リビングヘリテージにおける文化財の破壊と住民の私有地への立ち入りやのぞき見など（白川郷）	旅行会社の動員した団体客によるバスの振動による住宅への影響と遺産の破壊など（石見銀山）	観光開発に伴う森林伐採と農薬の川への流出など
人的被害	ドライバーの路上駐車による迷惑など（鎌倉）	民泊における夜中の騒音の発生など（京都）	事業活動に伴う騒音（大音量でのガイド、観光バスの縦列駐車など）

（天野、2016：47）

もろの社会的関係のなかで連鎖的に拡大していく事態の総体を、加害行為と被害現象との社会的な関連性を基軸として考える枠組」であるとし、この構造は、一つの地域の規模から国家、地球規模に至るまで想定することが出来るとしている。

表 5-3-1 は、地域における観光公害をあり方について、加害行為の主体を観光者、観光事業者、両者を含む複合的な主体の相互行為によって

写真 5-3-2　江ノ島電鉄鎌倉高校前駅に掲出された「お願い」(2020年3月撮影)

発現する形態の 3 つに分類し、また地域における被害対象を自然破壊や文化財の損傷などの環境被害、地域住民など人々の健康や生活に危害を及ぼす人的被害、両者が複合的に生起する複合的被害の 3 つに分類、両者の組み合わせにより加害－被害構造を類型化したものである。

近年観光公害の加害過程は、複合要因化が進む傾向にある。民泊における騒音の発生という現象を例にとるなら、実際の加害主体は観光者であるが、民泊

という現象の成立には、彼らに部屋を提供する物件のオーナーや、斡旋サイト
の運営事業者等の多様な主体が国境を越えて関わり合うという背景がある。こ
の意味で、予約受付や部屋の提供、ルームサービスの提供などの全てを単一の
主体の管理下で行っていた従来の宿泊事業とは異なっており、加害の過程にお
いてどのような主体がどのような役割を果たしているのか、より詳細な解明が
求められる。

(3) 受益圏・受苦圏論から捉えた観光公害

　舩橋は、事業活動を通じて利益を享受する人々（や地域）と、事業活動に伴
い発生する公害により不利益を被る人々（や地域）が、必ずしも加害主体と被
害主体とに斉一するわけではないことを指摘し、加害主体・被害主体という類
型とは別に、受益圏・受苦圏という概念を打ち出している。利益を享受する範
囲を受益圏、損害を被る範囲を受苦圏と位置づけ、受益圏—受苦圏の重なりや
分離を描写することにより、公害問題を捉えるというモデルを提示した（舩橋
編、2001）。たとえば、水俣病においては水銀中毒により発病の被害を被った
水俣市民は受苦圏にあるといえるが、彼らは同時に加害主体の企業であるチッ
ソの従業員として雇用され給与を得ているという面では受益圏にあるともい
え、受益圏と受苦圏が部分的に重なっていると捉えることができる。また、新
幹線の開通という現象においては、鉄道事業者のみならず、利用者も移動時間
の短縮という恩恵を受けられるので、沿線一帯に受益圏が広がることになるが、
反面、騒音被害を受けることになる受苦圏は、線路の周辺100m圏内に居住す
る人々に収斂される（受益圏の拡散と受苦圏の局地化）。

　観光公害において、受益圏と受苦圏が重なる例としては、訪日外国人観光者
の宿泊需要の増加により客室の稼働率の増加という恩恵を受けたホテルが、彼
らが持ち込んだと思われる害虫の被害を被る、といった事象が挙げられる[6]。

　また、受益圏の拡大と受苦圏の局地化の例としては、世界遺産登録により地
域の自然・文化資源が国際的に認知されると、交通網や多言語対応の観光案内
所が整備されたり、その地域への旅行を目的とする旅行商品の種類が増加した
り、新たな体験型観光のプランが売り出されたりすることで、その地域を観光

したいと思っている世界中の人々に受益が拡大することになるが、反面、大量の観光者の来訪を受ける地域において、生態系への影響やゴミ処理の問題の発生、心ない観光者による遺跡の損傷リスクの増加などの局所被害が生じる、といった事象が挙げられる。グローバルレベルでの民泊の普及も、受益圏は世界中から民泊仲介サイトを通じて全世界の民泊施設への予約が可能となるといった意味でグローバルに拡大していくのに対し、騒音被害の懸念がある受苦圏は、民泊施設周辺など、ローカルな領域に局所的に現れる。

4　観光公害の発生要因と解決過程

（1）行為類型から捉えた観光公害の発生要因

　観光者が加害主体となる観光公害の発生要因を、ウェーバー（M.Weber）の行為類型を援用しつつ説明を試みる。

　個々の観光者は、自己の楽しみのために観光行動を展開する。すなわち、観光経験を通じた快楽の最大化という目的合理的な行為を第一義的に追求する。他方で、地域の環境やコミュニティへの配慮といったことは価値合理的な行為にあたり、彼らの観光の目的とは無関係であり、ときに快楽の追求という目的とは相反するベクトルともなる。ほとんどの観光者はその地域の住民ではないので、地域の社会環境や自然・文化資源の保全に対して一定の責任を負っているという意識は希薄である。畢竟、自己の目的追求を第一義的に考える傾向が強いといえる。なお、エコツーリズムに象徴される持続可能な観光のモデルは、周辺環境や地域文化の保存・継承に対して観光者自身が一定の責任を果たすことにより地域に貢献することを観光目的とすることを通じて、観光者の価値合理的な行為と目的合理的な行為とを斉一させようとする試みといえる。

（2）社会的ジレンマ論から捉えた観光公害

　つぎに、観光事業者が加害主体となる観光公害の発生要因について、社会的ジレンマ論を援用しつつ説明を試みてみよう。

　社会的ジレンマ論とは「個人が合理的な行動をすればするほど、その結果と

して社会全体が非合理になってしまう現象を分析するモデル」である（鳥越、2004）。観光事業者が観光開発を行う場合、その地域の自然や景観、温泉などの各種の資源が優れていることを見込んで、そこにリゾート施設や温泉旅館を建設し、豊富な自然、雄大な景観、温泉といった魅力要素を背景に事業を展開する。別の事業者も観光を同様の事業を相次いで展開するようになると、次第に土地開発により自然環境が失われ、建物の林立により雄大であった景観が損なわれ、過剰な温泉の掘削で地盤沈下といった帰結をもたらす、というわけである。すなわち、複数の主体が利潤の追求という経済合理性を背景に地域の共有資源にアクセスすることを通じて、観光公害が発生・拡大していくことになる。

(3) 観光公害の解決過程

　公害の解決過程としては、個別問題の解決、および制度改革の2つの方向性が考えられる（舩橋編、2001）。

　前者は、加害―被害の主体を裁判等を通じて明確にした上で、両者間で法廷闘争や交渉を通じて保証や再発防止の措置を講じることによってなされる。一般的な公害、とくに産業公害であれば、騒音や大気汚染の発生源である加害主体は固定的であり、地域社会に対して継続的に加害を及ぼしているので、その責任の帰属を明確にすることができるが、観光公害においては、加害主体が特定の観光事業者のみに固定されるケースも考えられるが、前節で検討したように、複合的に形成される場合もある。さらに、個々の観光者が加害主体の場合、彼らは前述のように匿名的で一時的な滞在者であり特定が困難である。そのため、彼らと利害関係にある事業者等が、その解決を中心的に担うことが求められる。たとえば、民泊事業における観光者による騒音という事象の場合、騒音の発生主体である観光者は一時滞在者であり、個人を特定し、直接クレームを申し立てることが困難であるため、彼らの受け入れを継続的に斡旋している事業者（仲介サイトの運営元など）が、解決に向けての取り組みを実施することが望まれている。

　後者は、議会や行政、NPO等が関与し、解決に向けての「取り組みの場」

が形成され、そこで解決努力への折衝が行われる。たとえば、富士山の環境保全においては、関連する自治体（山梨県庁・静岡県庁の担当課）を構成員とする富士山世界文化遺産協議会が設置されており、保全に向けての調査や来訪者管理戦略などが策定され、その実施に向けて活動を展開している。

5　おわりに

　本章では、1966 年に打ち出された「観光公害」概念を再定義し、その特徴を記述していく作業を行ってきた。観光公害には多様なバリエーションが存在し、その加害主体も複合的であるケースが存在することが論考された。今後、観光のあり方もさらに多様化していくことにより、さまざまな文化的背景を持つ人々が日本の地域を訪れるにつれ、観光公害のあり方の多様化が加速していくことが予想されよう。一例として「感情公害」としての観光公害、というトピックについて検討しておきたい。

　橋本（2008）は、近隣トラブルなどの感情的な確執によって発生する諸問題に感情公害という表現を用いている。橋本の用法とは若干異なるものの、感情に起因する観光者への反発というケースは、感情公害の一種であると捉えることも可能かもしれない。これらは、ストレスによる精神的苦痛といった健康被害を及ぼさない限り、法的解決が要請されるような問題に展開することは考えにくいかもしれないが、地域の観光まちづくりを推進していく際の阻害要因になることは否めない。たとえば、慰霊碑や災害現場などの追悼や祈りが希求されるダークツーリズムの観光対象において、笑顔で記念撮影をしたり、神聖な場所とされているような宗教施設等において騒ぎ立てる、といった行為を通じて、遺族や被災者、宗教家らの心情を害する、といったものである。こうした現象を含めて観光公害の概念に包摂して語るという戦略が有効なのかどうか、検討を要するところではあるが、いずれにしろ観光に関連する社会／地域問題は複雑化しているのである。

注

(1) たとえば、「違法民泊 許しまへん：京都市 住民不安・相次ぐ苦情」（『朝日新聞』
　　2016 年 6 月 1 日、夕刊）・「『民泊』トラブル拡大：都心 政府のルール化遅れ」（『朝
　　日新聞』2015 年 11 月 8 日朝刊）など。

(2) 論文の論題への用語の使用例としては、土居長之他（1971）「十和田湖において
　　観光客と自然環境要因がヒメマスの漁獲に及ぼす影響について：観光公害をみつ
　　もる一つの試み」『東海区水産研究所研究報告』第 68 号、pp.23-29 および、奈良本
　　辰也（1972）「歴史的景観の保存と観光公害」『公明』第 116 号、pp.102-117 がある。
　　また、論文中における用語の使用例が確認できるものとしては、白りな他（2016）
　　「住民と観光客の意識からみる住民参加による観光まちづくりの利点と課題：ドン
　　ピラン地域を事例として」『都市計画論文集』第 51 巻 1 号、pp.13-22 がある。

(3) 各新聞社のオンラインデータベース（聞蔵 II ビジュアル（朝日新聞）、ヨミダス
　　文書館（読売新聞）、日経テレコン 21（日本経済新聞）、毎索（毎日新聞））において、
　　「観光公害」をキーワードとして見出し及び本文の記事検索を行った結果である。

(4) 「石森秀三氏：「観光」が変える暮らし、世界、想像力を回復（土曜版）」（『日本
　　経済新聞』1992 年 8 月 1 日朝刊）

(5) この定義は、小池の定義や新聞報道における用法のように、被害者・加害者が
　　どのような主体であるのかを限定しておらず、両者の定義・用法をも包摂する広
　　い意味で用いている。したがって、小池や新聞報道における用法は、再定義した
　　観光公害の中では、それぞれ一つの類型として取り扱うことになる。

(6) 「これも "爆買い" の置き土産？殺虫剤も効かない『スーパー南京虫』増殖にホ
　　テル戦々恐々」（『産経新聞』2016 年 3 月 14 日朝刊）など）。

参考文献

飯島伸子（2000）「地球環境問題時代における公害・環境問題と環境社会学：加害―
　　被害構造の視点から」『環境社会学研究』第 6 号、pp.5-22。

宇井　純（2014）『宇井純セレクション 2 公害に第三者はない』新泉社。

宇井　純（2014）『宇井純セレクション 3 加害者からの出発』新泉社。

小池洋一（1966）「観光政策と観光公害」『日本観光学会研究報告』第 4 号、pp.9-14。

友澤悠季（2014）『「問い」としての公害：環境社会学者・飯島伸子の思索』勁草書房。

ジョン・アーリー（吉原直樹監訳）（2006）『社会を越える社会学：移動・環境・シチズンシップ』法政大学出版局（＝ Urry, J. R., 2000, *Sociology beyond Societies: Mobilities for the Twenty-First Century*, London, Routledge.）。

関　礼子・中澤秀雄・丸山康司・田中求（2009）『環境の社会学』有斐閣。

鳥越皓之（2004）『環境社会学：生活者の立場から考える』東京大学出版会。

橋本典久（2008）『2 階で子どもを走らせるな！：近隣トラブルは「感情公害」』光文社。

船橋晴俊編（2001）『講座環境社会学第 2 巻 加害・被害と解決過程』有斐閣。

舩橋晴俊・宮内泰介編（2003）『環境社会学 新訂』放送大学教育振興会。

古川　彰・松田素二編（2003）『観光と環境の社会学』新曜社。

溝田久義（2005）『環境社会学への招待：グローバルな展開』朝日新聞社書籍編集部。

宮本憲一（2014）『戦後日本公害史論』岩波書店。

参考資料

公害等調整委員会事務局編（1999）『全国の公害苦情の実態：公害苦情調査結果報告書平成 11 年版』大蔵省印刷局。

＊本章は、天野景太（2016）「"観光公害"概念の再定義：グローバル観光時代の社会／地域問題の解読を見据えて」（『日本観光学会誌』第 57 号、日本観光学会、 pp.43-50）をもとに、加筆修正を施したものである。

（天野　景太）

第6章

世界遺産登録と地域住民主導の観光まちづくり
～古市古墳群周辺の展開～

1 世界遺産登録と地域の動き

　2019 年 7 月 6 日、アゼルバイジャンのバクーで開催された世界遺産委員会において、「百舌鳥・古市古墳群」が世界文化遺産へ登録されることが決定した。日本では 23 件目の世界遺産登録物件であり、大阪府では初の物件となった。百舌鳥・古市古墳群は、「古墳群」という名称に表れているように、堺市（百舌鳥）・羽曳野市・藤井寺市（古市）にまたがる「仁徳天皇陵古墳（大仙古墳）」や「応神天皇陵古墳（誉田御廟山古墳）」をはじめとする 45 件 49 基の古墳から構成されている [1]。古墳は 3 世紀末から 6 世紀半ばまでに展開した天皇や豪族の陵墓であり、現在でも全国各地に残存している。この意味で、同じ世界文化遺産に登録された陵墓である「秦始皇帝陵及び兵馬俑坑」（中国）や、「メンフィスとその墓地遺跡－ギザからダハシュールまでのピラミッド地帯」（エジプト）のように、（古墳は）日本国内の特定の地域においてしか現存していない、という固有性があるわけではない。しかし、陵墓としては世界最大の面積である仁徳天皇陵古墳をはじめとする多数の古墳群の集積が見られ、当時の古墳文化を象徴的に表現する地域である。加えて、開発の進行した都市部において、今から 1,300 年～ 1,700 年前に築造された構造物が多数現存している地域は、百舌鳥・古市古墳群周辺の他には例がなく、住宅と古墳が混在する、すなわち住民と歴史的文化資源とが密接に関わっていることも、百舌鳥・古市古墳群の特徴である。

　百舌鳥・古市古墳群の世界遺産登録に向けた動きは、2007 年頃から本格化する。2007 年 9 月に、大阪府および堺市・羽曳野市・藤井寺市が共同で、文

化庁に対し世界遺産暫定一覧表（後述）記載資産候補として、「百舌鳥・古市古墳群」を提案した。その後、暫定一覧表に記載されたのが、約 3 年後の 2010 年 11 月のことであった。さらに、何度かのユネスコへの推薦の見送り[2]を経て、2017 年 7 月に国の文化審議会世界文化遺産部会が 2017 年度における世界遺産推薦候補とすることを決定し、2018 年 1 月にユネスコに推薦書が提出される。2018 年 9 月の ICOMOS（国際記念物遺跡会議）の現地調査を経て、2019 年に認定となった。

　こうした世界文化遺産の登録に向けて、地元地域が「盛り上がり」をみせていたことが、当時の新聞記事において報じられている。たとえば、2017 年 7 月、ユネスコへの推薦が決定した際には「駅で墳丘で喜び爆発」の見出しを掲げ、羽曳野市の広報誌として号外が発行され市内の駅前において配布する様子や、藤井寺市の古室山古墳において集まった市民らが拍手で歓迎する様子を報じ、あわせて今後の来訪者が増加する見込みであることが記されている[3]。さらに、その 1 ヶ月後の報道においては、「世界遺産効果 年 1,000 億円 ―『百舌鳥・古市』燃える商魂」の見出しを掲げ、世界遺産登録に伴う経済効果の試算を紹介した上で、堺市における仁徳天皇陵に近接する土産品店の出店や道頓堀における観光案内施設の開設を通じた大阪市中心部を訪れた観光者の誘導への取り組みについて報じている[4]。世界遺産登録という事象は、社会的に大きく注目を浴びている。そしてそれは、後者の記事に象徴されるように、しばしば地域にもたらされる影響（おもには観光者の増加や彼らがもたらす経済的な効果）とともに注目がなされる。世界遺産登録とは、地域に所在する既存の物件に対してなされるものであり、新たに登録対象が創り出されるわけではないのだが、実際には地域に大きな社会・経済的なインパクトをもたらしている（あるいは、もたらす可能性がある）。本章では、こうした世界遺産登録が地域の観光にもたらす影響に関して概観した後、大阪府藤井寺市を中心とした古市古墳群周辺エリアにおける地域の観光化の動向を、地域住民が主体となった実践のあり方を中心に見ていくことにしたい。

2　世界遺産と観光の関わり

（1）世界遺産とは

　世界遺産とは何か。一般にそれは「1972年にユネスコ総会で採択された世界遺産条約に基づき『世界遺産リスト』に記載された、『顕著な普遍的価値』をもつ建造物や遺跡、景観、自然」[(5)]のことと説明されている。世界遺産は、遺跡や建造物群、モニュメントなどの文化遺産、地形・地質、生態系、自然景観、生物多様性などの自然遺産、文化と自然の両者が価値を持つ複合遺産の3つに分類されている。国家や民族の枠を超えて、人類が共通して未来に引き継ぐべき遺産として、国際連合教育文化機関（ユネスコ）の世界遺産委員会の年次会議において認定される。2020年3月現在、世界167ヶ国に1,121件の登録があり、うち日本では、文化遺産の「古都京都の文化財」「石見銀山遺跡とその文化的景観」、自然遺産の「屋久島」「白神山地」など、23件の登録がなされている。

　世界遺産の登録要件である「顕著な普遍的価値」は、推薦書において、① 10項目の登録基準に1つ以上当てはまっているのか、②遺産の保全がなされ、保全計画が立てられているのか、③真正性や完全性が担保されているのか、といった事項により証明が求められる。百舌鳥・古市古墳群の場合、①は、「文明や時代の証拠を示す資産」であること、および「建築技術や科学技術の発展を証明する資産」であることが適合していると認定されている[(6)]。②は、資産（古墳群）は、法的に適切に保護がなされており、緩衝地帯（バッファー・ゾーン）も設けられているが、国や自治体、個人、地域社会等の主体間の調整の必要性や、地域社会が保存・管理の体制に主体的に参画できるようにする必要性、都市に位置するがゆえの開発圧力への懸念がICOMOSの現地調査において課題として指摘されている。③は、真正性とは、背景となる文化の独自性や伝統、技術を継承しているかどうかに関する事項であり、たとえば遺産の修復にあたっては現代の最新の素材や技術等を使用してはならず、伝統的な素材や技術が用いられることが求められる。古墳群は、その歴史的な位置づけには複数の解釈が存在したり、また保存状況も一律ではなく多様性も認められるものの、古墳文化の特徴を表現する陵墓としての真正性があるとされている。また完全性とは、

保護・保全するための必要条件が整っているかに関する事項であり、古墳群の完全性の状態は一律ではないものの、おおむね整っているとされている。

　世界遺産に登録されるためには、まず、国内の世界遺産暫定一覧表に記載される必要がある。その中から、文化庁（文化遺産）や環境省（自然遺産）が、ユネスコ世界遺産センターに推薦する遺産の候補を選出した上で推薦書が作成され、世界遺産センターに提出される。世界遺産センターは推薦書の内容に基づき、文化遺産であれば ICOMOS、自然遺産であれば IUCN（国際自然保護連合）が現地に専門家を派遣し、調査を行う。その調査結果に基づいた世界遺産委員会の審議を経て認定される。このため、前述のように百舌鳥・古市古墳群は、地元自治体の提案から実際の認定に至るまで 10 年以上の歳月を要したのである。さらには、暫定一覧表には複数の登録候補が記載されており[7]、暫定一覧表への記載を目指し、まちづくりと関連させて活動中の地域も多い。日本においては地域における世界遺産登録を目指す活動は、盛んであるといえる。

(2)　世界遺産と観光

　このように世界遺産登録とは、「顕著な普遍的価値」を保存、継承していく目的でなされる制度であり、根源的には観光の文脈とは関わりがなく、況んや観光振興を目的とした制度でもない。しかしながら、世界遺産と観光とは、密接に関わりあっている。

　世界遺産への登録がなされた地域は、すでに登録以前から著名な観光地域として人々に認知されており、多くの観光者の訪問を受けている場合もある。「姫路城」「古都京都の文化財」「古都奈良の文化財」「厳島神社」「日光の社寺」は、その代表である。そうした地域は、登録を通じてより観光者や観光事業者から着目がなされるようになる。しかし、顕著な普遍的価値を持つとされた建物や景観と、観光対象としての知名度が高く、人気の観光地域であることとは、相関関係にあるわけではない。そのため、先に挙げた遺産と比較して、相対的に観光地域としての知名度が低く観光者の訪問者数が少ない物件であっても、それが顕著に普遍的価値を持つと認定されれば、世界遺産に登録されるのである。「石見銀山遺跡とその文化的景観」「『神宿る島』宗像・沖ノ島と関連遺産群」「明

治日本の産業革命遺産：製鉄・製鋼、造船、石炭産業」等はその象徴であろう。こうした物件とそれを有する地域は、世界遺産登録がなされると同時に急速に注目を浴び、観光情報発信拠点の整備をはじめとした観光振興事業が展開し、同時に旅行会社においても、当該の世界遺産を目的地とした旅行商品の販売を行ったりすることで、多くの人々の注目を浴び、登録以前と比較すると訪問者数の増加がもたらされることになる。すなわち、「世界遺産であること」が、観光者がその普遍的価値や保存・継承の意義に対して理解をしたり、興味を示しているか否かにかかわらず、観光対象としてのイメージや訪問価値に対して影響を及ぼすブランドとして機能している、という側面がある。

　たとえば、メディアや検定試験における世界遺産への着目度を見てみよう。2020年5月26日から6月2日までの8日間で、世界遺産に関連する番組は、67本が放映されている [8]。2020年5月現在、国立国会図書館が所蔵する世界遺産をタイトルに含む単行本の数は、2,315冊である。また、NPO法人世界遺産アカデミーが2006年以降実施している世界遺産検定の受験者数は、実施当初においては4,528人であったものが、2019年には31,222人が受験しており、年々注目度が高まっていることが窺える。

　また、JTBが2011年に実施したWEBアンケート調査 [9]においては、世界遺産観光を目的とした旅行をしたことがある人の割合が54%であった。また、旅の販促研究所が実施したWEBアンケート調査によると、世界遺産であることの旅行先選びへの影響度が、「とても影響する」が7%、「やや影響する」が35%、「どちらでもない」が15%、「あまり影響しない」が30%、「全く影響しない」が13%であった（旅の販促研究所、2009：161）。こうした人々の顕在的、潜在的な需要を受け、旅行会社においても、たとえば、JTBのツアー販売を行うホームページにおいては、「特集・プラン一覧」の中に「日本の世界遺産に行こう」という項目を設け、世界遺産地域を対象としたツアーや宿泊施設情報を集約しており [10]、HISは「世界遺産50選」という特集ページ [11]を開設している。

　世界遺産登録に伴う観光者数の増加について、「白川郷・五箇山の合掌造り集落」が位置する岐阜県白川村における村への観光入込客数の推移を見て

いくと、世界遺産の登録前の 1993 年には 55 万 5,000 人であったものが、推薦年の 1994 年（67 万 1,000 人）、登録年の 1995 年（77 万 1,000 人）を経て、登録翌年の 1996 年には 101 万 9,000 人へと増加している[12]。また、「富岡製糸場と絹産業遺産群」の主要構成資産である群馬県富岡町の富岡製糸場の入場者数

写真 6-2-1　白川村の合掌集落内を遊歩する観光者
（2009 年 3 月撮影）

を見ると、世界遺産の登録前年にあたる 2013 年度には 31 万 4,516 人であったものが、登録年にあたる 2014 年度には 133 万 7,720 人へと急増している[13]。2019 年度は 44 万 2,840 人と登録時と比べると減少しているものの、登録以前と比べると、依然として多くの観光者の訪問がなされていることが見て取れる。

　このように、世界遺産を主たる観光対象として、所在する地域を訪れる観光のあり方（本章では世界遺産観光と呼ぶ）は、とくに 2000 年前後以降の、日本における世界遺産登録件数の増加と軌を一にして推進され、定着していった。そして、登録物件の観光施設化（有料化や観光用バス路線の開通、観光コースの整備等）や周辺地域の観光開発、観光まちづくりを伴うかたちで世界遺産観光が進展していく。世界遺産は、観光者にとってみっては、国際的に認知され、その価値が認められている魅力的な観光対象として、観光動機の形成や、観光目的地の選定に対して少なからず影響を及ぼす要因として作用することになっていく。そして彼らにとっては、商業化、制度化された観光対象を消費するという活動を通じてであれど、真正性と完全性が担保されているものへの接触の機会となっている。

　こうした世界遺産登録と観光との関係について批判的な言説も、少なからず存在する。たとえば吉田康彦は、石見銀山の世界遺産登録をめぐる文化庁によるユネスコへの「猛烈な働きかけ」があったことを冒頭に紹介しつつ、「水を

差すわけではないが、日本人はなぜ『世界遺産』認定をそんなにありがたがるのだろうか。ユネスコに認定してもらったというだけで観光客が殺到し、地域振興に役立つからというのは、『遺産』登録の本来の趣旨には反するものだ。（中略）日本の場合、ユネスコのお墨つきを得てひと儲けしよう地元の業者（原文ママ）、あるいはそれに便乗しようという観光業界の不純な動機がとりわけ顕著なようだ。しかし『世界遺産』のリストに載ったというだけで、国際社会に認知され、値打ちが高まったと思い込む日本人の錯覚にこそ問題がある。」と指摘している[14]。

（3）地域における世界遺産観光への期待と不安

　世界遺産への登録をきっかけとして進展する世界遺産観光は、登録物件の周辺地域に対しても大きな影響を及ぼすことになる。

　まず、ポジティブな影響として、第一に、観光者の増加に伴って地域内での観光消費が増加することにより、観光を中心とした地域経済の活性化がなされる可能性があることがある。第二に、観光まちづくりが実践されることを通じて、（世界遺産への登録物件だけではない）さまざまな地域資源への着目がなされることで、地域の観光的魅力が再定義され、新たなまち歩きのルート等が発案される等することで、地域の総合的な観光振興への契機となることがある。第三に、世界に誇れる価値のあるものが地域に存在していることが再認識されることにより、地域住民の中で歴史や文化への関心が高まり、地域住民のシビックプライドの醸成や、観光ボランティアガイド等の世界遺産観光の担い手の増加が期待できるということである。第四に、地域における地域住民と観光者との邂逅が織りなす新しい文化交流のチャネルが開かれるということである。とくに第一の点は、本章冒頭に紹介した世界遺産登録に伴う経済効果を報じた新聞記事に象徴されるように、自治体や地元の観光事業者を中心に、期待がなされている点である。また、先に引用した吉田の言説のように、地域経済の活性化が世界遺産登録の本来の理念ではなく、その目的でもないことを主張し、登録運動を批判する論拠となっている点でもある。日本各地において世界遺産への登録を目指して運動を展開している主体は、物件の立地する自治体や観光振

興推進機関、あるいはそれらの連合体であることが一般的である。たとえば、百舌鳥・古市古墳群の登録に向けての機運醸成に取り組んでいた行政側の主体である「百舌鳥・古市古墳群世界文化遺産登録推進本部会議」は、大阪府、堺市、羽曳野市、藤井寺市で構成され、大阪府知事と各市の市長をトップとして組織されているが、民間側の主体である「百舌鳥・古市古墳群世界文化遺産登録推進民間会議」は、地域の商工会、観光協会、鉄道会社、空港運営会社によって構成されている。

　一方、ネガティブな影響として、第一に、観光者の急激な増加に伴って、地域住民の日常生活に支障を来す恐れがあるということである。観光者の増大に伴うこれは、前章で論じている観光者が加害主体、地域住民が被害主体となるような観光公害、あるいは次章で論じているオーバーツーリズムがもたらす諸問題に関連することである。とくに、地域住民が日常生活をおくっている場所の中でこれまで住民だけが利用していたような静閑な住宅街の道や、狭猥な路地にも観光者の姿が見られるようになる。そのことにより、彼らの会話等による騒音が発生したり、あるいは地域住民とっては彼らの視線を感じながら生活することが、大きな負担となる可能性がある。先に例示した白川郷は、日本の世界遺産観光地において、いち早くこうした問題に直面した事例である。第二に、世界遺産物件の内部および周辺において活発な観光行動がなされることにより、遺産の損傷や消耗が進展する恐れがあるということである。世界遺産の物件は、元来観光施設ではないので、当然多くの観光者が訪問し、そこにおいて活動を展開することが想定されていない。そのため、人々の介入がなされなかったことによって生態系が守られてきた原生林や、経年による劣化が進んだ建造物内に彼らが足を踏み入れたり、ゴミを投棄したりすることによって、未来世代への保存・継承を理念とした世界遺産であるはずが、逆に資産価値の減衰が進展しかねない。また、観光開発や地域開発が進展することによる構成資産や景観への影響も懸念されている。このような問題を部分的に克服するための方策として、たとえば、「石見銀山遺跡とその文化的景観」の構成資産の一つである大久保間歩では、週末に催行されるツアーの予約者のみに公開人数を限定したり[15]、「富士山 ―信仰の対象と芸術の源泉」の構成資産の一つである、

富士山の山頂に続く4つの登山道の利用者から富士山保全協力金を任意で徴収し⁽¹⁶⁾、富士山の環境保全対策等に充当する取り組みがなされている。第三に、世界遺産認定により、当該物件を利用していた地域住民等が、観光者対応という新たな「負担」を負ったり、従来通りの利用に支障を来す恐れがあるということである。かつて隆盛を誇った文明の証拠である遺跡や、先史時代の石墓、産業革命を支えた廃坑等は、すでにその社会的役目を終えた「痕跡」であるが、世界遺産の中には、現役の文化施設や宗教施設、あるいは居宅や街路として利用されているものも多い。これらは、リビングヘリテージ（生きている遺産）と呼ばれ、地域住民自身がたとえば文化的景観を構成する一員として位置づけられ、遺産の保存、継承の担い手として期待されることになる。しかし、信者により日常的な礼拝の場として用いられてきた施設や、個人の居宅や職場として用いられてきた建造物が、観光者への公開や物件の保存のためのルールの制約を受けるのである。

3　世界遺産登録が地域にもたらすもの

(1) 古市古墳群および周辺地域の概要

　百舌鳥・古市古墳群は、百舌鳥エリア（堺市）、と古市エリア（藤井寺市・羽曳野市）に分かれて散在しているが、このうち百舌鳥エリアの23基21件の古墳、古市エリアの26基24件の古墳が、世界遺産に登録されている。

　百舌鳥エリアには、墳墓としては世界最大の全長さを誇り、知名度の高い仁徳天皇陵古墳が立地している。また、堺市は大阪府と関西国際空港とを結ぶ鉄道や高速道路の途上に位置しており、百舌鳥エリア内には、刃物を中心とした伝統産業の展示・販売拠点や、さかい利晶の杜等の地域ゆかりの人物の記念館や体験施設が立地しており、（堺市全体で）2007年度には615万人であった観光者数が2017年度には1,000万人を超えるなど⁽¹⁷⁾、観光地域としてのプレゼンスを向上させている。

　一方、古市エリアには、仁徳天皇陵古墳に次ぐ全長425メートルの応神天皇陵古墳をはじめ、全長200メートル台の前方後円墳が複数立地し、他にも方

墳や円墳といった形態のバリエーションが多様な古墳の登録がなされていたり、古墳築造のために利用されたと推定されるソリ（修羅）が出土したり、古墳築造の技術集団であった土師氏の本拠地であったりなど、百舌鳥エリアとは異なる特色をもっている。古市古墳群のうち、皇族の陵墓と治定され、宮内庁の管理下にある古墳は立ち入りが禁じられている。しかし、自治体が管理している古墳の中には、自由に立ち入り、墳丘に登ることも可能な物件が存在している（古室山古墳、鍋塚古墳等）。

　古市古墳群周辺地域の大部分を占めている藤井寺市は、面積が大阪府で最小の8.89平方キロメートル、人口が約6万5,000人の大阪市の郊外に位置するベッドタウンであり、市域のほとんどが住宅地である。なお、大阪市南部のターミナル駅である大阪阿部野橋駅から近鉄南大阪線で14分（藤井寺駅）〜19分（道明寺駅）で

写真 6-3-1　応神天皇陵古墳（2019 年 11 月撮影）

写真 6-3-2　古室山古墳（2019 年 11 月撮影）

写真 6-3-3　鍋塚古墳（2018 年 2 月撮影）

到達する。高度経済成長期以前においては、市域には農地が広がっており、前述の古室山古墳は果樹園として利用されていたり、御陵を囲む水堀が農業用水のため池として活用されていたりなど、古墳は地域住民の生活や生業に少なからず関わり合いをもってきた。しかし、現在の地域住民の主要な層は、古墳群をはじめとした地域の歴史・文化的文脈に対して関心が薄く、都市型の生活を営んでいる。古墳群は、周囲をこうした人々が住まう住宅に囲まれている。

なお、古市古墳群周辺地域は、古代の街道の要衝であったり、河内国府が設置され、河内国の政治的中心地であったりなど、古代史において重要な役割を果たしていたこともあり、古墳群以外にも、道明寺天満宮と道明寺、日本遺産の認定を受けた西国三十三ヶ所めぐりの札所の一つで、市名の由来となっている葛井寺のような歴史的な文化資源が点在しており、自治体が作成する観光案内のホームページにおいて紹介がなされている(18)。

写真 6-3-4　道明寺天満宮 (2019 年 11 月撮影)

このように、この地域においては、今日に至るまで大規模な観光開発はなされておらず、地域内で観光事業者による事業展開がなされてきたわけではない(19)。また、地域の土地利用は、かつては農地で、現在は住宅地で構成されており、観光地として多くの観光者の訪問を受けてきた地域でもない。さらに、古墳群

写真 6-3-5　葛井寺 (2019 年 11 月撮影)

を管理する宮内庁や自治体の文化財行政は、皇室の財産として、あるいは歴史
的文化財としてこれらを保護・継承してきたわけで、彼らが古墳群の積極的な
観光活用を推進してきたわけでも、しようと考えてきたわけでもない。こうし
た現実のなかで、新たに世界遺産観光が展開していくには、シビックプライド
を有した地域住民をその担い手の中心とした、地域主導型の観光実践の可能性
が注目されるのである。

（2）　地域主導による世界遺産観光に向けての取り組み

　古市古墳群周辺地域の中心である藤井寺市における観光振興推進機関として
は、1997 年に藤井寺市観光協会が設立されている。藤井寺駅前において観光
案内所を運営しているほか、ホームページやパンフレットの発行を通じた観光
情報の発信、市内で活動する観光ボランティアガイド「藤井寺市観光ボランティ
アの会」の事務局機能を担っている。また、藤井寺市の部局として、市民生活
部に観光課が設置されている。市では、2016 年に「藤井寺市まちなか観光創
造プラン」[20] を打ち出し、観光振興に向けた取り組みが本格化する[21]。そ
こでは、市の地域資源や観光ニーズの特性を踏まえ、基本方針として「豊かな
歴史の中に、普段づかいの地域文化がきらめくまち藤井寺〜まちなか観光の創
造〜」が設定された。さらにその中で、全国の観光者をターゲットとした観光
振興のコンセプトとして、「『となりの世界遺産』と『大阪人の日常』に出会え
るまち」が設定された。その実現のための具体的なプログラムの実施主体とし
て、行政や民間事業者だけでなく、取り組みを主導することが適当と考えられ
る主体として「市民団体」が、取組みに参加、あるいは連携・協働することが
望ましい主体として「市民」が措定された。

　観光に関わる市民団体として、「藤井寺市まちなか観光創造プラン」におい
ては、①藤井寺市観光ボランティアの会、②まちづくり協議会（藤井寺駅周辺
まちづくり協議会・道明寺まちづくり協議会）、③まなりくんサポート隊[22]、
が挙げられていたが、地域資源の魅力を定義し、まち歩きのコースを創造した
り、観光に関わる地域の事業者や地域住民との調整・連携・協力体制の構築を
担ったり、ガイドを通じて観光者に対して地域資源の呈示を行ったり、といっ

たように、地域の現場における観光実践を中心的に担っている団体は、①の藤井寺市観光ボランティアの会（以下、「観ボラの会」と表記）である。以下では、この団体の活動を中心に、地域主導による世界遺産観光の展開について概観しておきたい。

(3) 藤井寺市観光ボランティアの会の取り組み

　観ボラの会の設立は 2005 年 9 月のことであり、設立のきっかけは、遣唐使として派遣され、唐において死去したとされる井真成の墓誌の日本への帰還運動である。しかし、その後、古市古墳群の世界遺産登録を目指す動きにあわせて、古墳群を核としたガイドルートの開発と、古墳群の解説を中心としたガイド活動を行うこととなった。設立当初の会員数は 35 名であったが、2020 年 4 月現在では 71 名であり、人口 6 万 5,000 人の市であるにもかかわらず、ボランティアガイド団体の会員数としては全国有数の多さを誇っている。会員の 8 割以上が地域住民により構成されている。

　観ボラの会では、ガイドの依頼を受けると、事前に依頼者からの要望を聞き、依頼者の背景や興味、前提知識を勘案しながらオーダーメイドで独自作成の地図の中に詳細なガイドルートとスケジュールを記した計画書を作成し、依頼者に提案を行っている。その後、依頼者の属性や観光意図、観光対象、ガイドルートに応じてガイド担当者を決定し、配付資料を作成している。場合によっては、コースの下見や食事や駐車場等の事前手配を行っている。実際のガイドにおいては、10 名単位で 2 名のガイドが担当し、観光対象に対する案内を行うと同時に、動線の誘導、依頼者グループとのコミュニケーションを行っている。古墳の外観は、一見すると「土盛り」や「小さな丘」であり、壮大な自然景観や特徴的な建築物と比較すると、その価値が直感的にわかりにくい。そのため、ガイドは歴史的知識の説明とともに、ガイド自身の古墳に対する印象や、地域住民としての古墳との関わりに関するエピソードを披露するなど、観光者に対する理解の深化を促す地元のガイドならではの工夫がなされている。また、人や車通りの多い狭い道や閑静な住宅街を通るため、隊列の把握や通行状況、注意喚起等による動線の誘導が地域住民の生活と観光実践との共存関係を継続す

るためには重要となっている[23]。ガイド終了後は、依頼者に意見や感想を求め、アフターフォローを行っている。

　会員の意識は、おおむね世界遺産登録に対して肯定的であるが[24]、地域住民や宗教施設の関係者の中には、登録に関してさまざまな考え方が存在しており、それらを考慮しながら「お金儲けで人寄せで、と思われないようにしていきたい」という会員もいる。また、古市古墳群周辺地域において、これまで観光開発がなされなかったこと（その結果としての宿泊施設や駐車場の未整備）については所与の事実として受け止めているが、ガイドルートにトイレやゴミ箱がないことに関する懸念は存在している[25]。こうした環境においては、一度に多くの観光者に訪れてもらうよりも、「住民の気持ちを考えると、細く長く」世界遺産観光が展開することが出来ればよいとする意見もある。

　観ボラの会が示しているモデルコースは、近鉄南大阪線の駅を拠点として、複数の古墳群を見て回ることを基本とし、その途上に道明寺天満宮や葛井寺のような地域の歴史を感じることにできる対象を訪れるという形式をとっている[26]。たとえば、土師ノ里駅から出発し、道明寺駅に至る 3 キロのコースでは、土師ノ里駅前にある解説パネルに従って古墳の説明を行った後、墳丘に登れる鍋塚古墳、堀の周囲を周回できる仲姫命陵古墳、墳丘に登り眺望を楽しめる古室山古墳、高速道路の高架下に取り崩されずに保存された赤面山古墳、戦時中にセスナ機の格納庫として利用された大鳥塚古墳、全長が日本第 2 位で体積が日本第 1 位の大きさを誇る応神天皇陵古墳とその陪塚とされる誉田丸山古墳、修羅が出土した三塚古墳を経て、道明寺及び道明寺天満宮を訪れ、道明寺駅に至るものである。なお、列記した古墳群は、赤面山古墳を除き全てが世界遺産登録物件である。これらのモデルコースや、観ボラの会のガイドのあり方は、古墳群の世界遺産認定の前後で変化はない。たとえば、新たな訪問箇所の開拓や世界遺産登録がなされなかった古墳の削除等はなされていない。しかし、世界遺産登録がなされた 2019 年度のガイド実績は 1,138 人となり、前年度の 706 人より増加している。

　また、観ボラの会では、年 2 回「ふじいでら春期ウォーク」「ふじいでら秋期ウォーク」というウォーキングイベントを実施している。これらは、参加希

写真6-3-6　2019年ふじいでら秋期ウォークの様子
（応神天皇陵古墳）（2019年11月撮影）

写真6-3-7　2019年ふじいでら秋期ウォークの様子
（藤井寺市生涯学習センター）（2019年
11月撮影）

望者は事前申込が不要で、集合時間内に集まった観光者を順次複数のグループに分けて、グループごとにウォーキングコースをガイドするイベントである。世界遺産登録後、最初となる2019年の秋期ウォークは「ココがすごい！"古市古墳群"」をテーマとした、道明寺天満宮に集合し、仲姫命陵古墳～古室山古墳～応神天皇陵古墳～仲哀天皇陵古墳～藤井寺市生涯学習センター（出土品の展示等を見学）～藤の森古墳石室にて解散、という約5キロのルートを半日かけて歩き、さらに希望者には地元の酒蔵である藤本雅一酒造醸に案内する、というイベントであった。このイベントの参加者数は、183人であったが、（イベントのテーマは毎回異なるもの）この数値は、2019年春期の147人、2018年秋期の100人、2018年春期の173人、2017年秋期の61人（雨天）、2017年春期の150人、2016年秋期の106人、2016年春期の184人と比較すると、とりたてて大きく増加したわけではない。しかし、古市古墳群周辺地域だけではなく、大阪府外からも多くの参加がなされたのが特徴であったという。

　なお、観ボラの会では、2019年の秋期ウォークにあわせて、独自に古市古

墳群に関する案内冊子（藤井寺市観光ボランティアの会、2019）を編纂、印刷し、参加者に対して配布した。冊子はその後、ガイドの依頼者に対して配布を行っていくと同時に、藤井寺市観光協会からの依頼で、観光案内所への設置等を通じたさらなる活用が見込まれている。

4　古市古墳群周辺における世界遺産観光のゆくえ

　2020 年 3 月現在の時点で、百舌鳥・古市古墳群の世界遺産登録から 8 ヶ月強が経過した。この間、劇的な観光者数の増加や、地域の観光のあり方に関する劇的な変化は観察されていない。しかし、商店街には世界遺産登録を祝う旗がはためき、藤井寺市および藤井寺市観光協会のホームページにおいては、トップページで大きく世界遺産登録決定についての告知がなされている。世界遺産登録が地域の観光に対してもたらしたインパクトは少なからず見出せるだろう。本節では、第 2 節において提示した世界遺産観光に対する期待と不安に関する議論を参照しつつ、古市古墳群周辺の観光まちづくりの展開に関して評価を行う。

　ポジティブな影響として、第一に、観光消費の増加に向けた取り組みに関してである。大型資本による観光関連施設の立地や事業展開はなされていない。宿泊を伴う滞在も期待できず、観光者の目的は古墳群の見学や寺社への訪問であり、そこには経済的な消費は伴わない。そのため、昼食や間食を通じた飲食や土産品の購入が、観光者の主要な経済的消費行動となる。そこで古市古墳群周辺では、食を提供する個店を中心に、域内の店舗において古墳に関連した独自の商品の開発・販売がなされたり、地域の特産品を販売する等の動きがみられている。たとえば、喫茶店における「古墳カレー」のメニュー化や、和菓子店における古墳ういろうの販売、布団店における古墳型コースターや古墳型座布団の販売等である。印刷会社が埴輪づくり体験や埴輪グッズの販売を始めたケースもある [27]。これらは、観光需要を期待し、観光者向けの経営にシフトするわけではなく、これまで通りの地域密着の経営を継続しつつも、それに加えて観光者を新たな顧客として取り込もうとする取り組みといえる。世界遺産

登録がそうした経営上のチャネル拡大のきっかけをもたらしたのである。

　第二に、観光まちづくりの進展に関してである。世界遺産登録に向けた運動が展開するなかで、「藤井寺市まちなか観光創造プラン」をはじめとした自治体の観光振興への取り組みが促進されることとなった。2018年に開設された藤井寺市シティープロモーションサイト[28]においては、道明寺と葛井寺に所在する国宝仏像を糸口として文化的な豊かさが訴求されたり、古墳群が「敷地内に入って大きさを体感できる」「駅の目の前にある」「高架下にある」ことが「驚き」であるとされたり、古民家カフェや「ハイセンス」な飲食店が魅力的な地域資源として紹介がなされたり等、新たな切り口で地域資源の価値づけがなされている。また、観ボラの会のガイド活動も、古墳群の世界遺産登録に向けての運動と軌を一にして、古墳群を中心としたガイドへとその活動の中心がシフトしていった。この意味で、世界遺産登録は「地域の総合的な観光への契機」をもたらしたといえるだろう。

　第三に、地域住民の関心の高まりに関してである。観ボラの会の会員数は、発足以来増加しているが、それが世界遺産登録に向けた動きと直接的に関連があるかどうかは確証がない[29]。また、地域住民にあっても、古墳は視覚的にその価値がわかりにくく、また、古墳群の真正性の詳細に関する解釈が多様であることもあり、必ずしもアプリオリに世界遺産登録への理解や誇りが共有されているわけでもない。しかし、地域住民がさまざまな視点・立場から古墳群の価値を見直すという動きが促進されたことは確かである。

　第四に、地域住民と観光者との交流に関してである。両者の交流を企図したイベント等は企画・実施されていない。しかし、インフォーマルに地域住民が観光者に道を尋ねられる、といった形で両者のコミュニケーションがなされるケースは観察されている[30]。観光ルートが地域住民生活エリアであるだけに、こうした両者の邂逅の機会は、世界遺産観光の進展に伴って増加することが予想される。

　一方、ネガティブな影響として、第一に、観光者増加に伴う地域住民の支障に関してである。観光者の増加は限定的であり、地域住民の不満が累積し、それが社会問題化する状況には至っていない。地域内に観光バスや観光者が利用

する自家用車を収容する大型の駐車場はなく、大型レストランやレストハウス等の施設もなく、世界遺産登録に伴って新たにガイダンス施設等を建設する予定もない。また、古墳群に隣接する道路は、幅員の狭い生活道路である。そのため、観光バスが道路を往来したり、観光者の自家用車が住宅街の路地に駐車するといった光景はみられない。古市古墳群を対象としたバスツアーも販売されているが、古墳間の移動は徒歩を基本としている。百舌鳥・古市古墳群世界遺産保存活用会議が作成したパンフレットやホームページにおいても、公共交通機関の利用が呼びかけられている。そのため、観光バスが地域の道路を往来したり、自家用車が住宅街に路上駐車したりする光景は観察されない。地域における観光者の行動は、駅から商店街や寺社を経由しつつ古墳をめぐるという「まち歩き」の形態に自ずと収斂されている。

　第二に、観光者による遺産の損傷や消耗の懸念に関してである。宮内庁が管理する陵墓は、立ち入りが禁止されている。この意味で、観光者が遺産の損傷や消耗に影響を及ぼすことは、原理的にはありえない。反面、観光者の行動が、一定の距離をおいて見学（参拝）することに限定され、同じ世界遺産の墓地遺跡であるエジプトの「メンフィスとその墓地遺跡」のように、接近して見学出来ないことや、内部を公開しないことに対しての批判は存在している。なお、古室山古墳や津堂城山古墳のように、自治体が管理する古墳群の一部は、自由に立ち入りが可能である。しかし、築造当時のように周囲に埴輪が陳列されていたり、石室の中に入ることが出来るわけではないので、墳丘の消耗も限定的である。むしろこの地域においては、観光者の踏み荒らしによる消耗よりも、台風等の気象現象や、都市化に伴う開発圧力が、より古墳の損傷・消耗を進行させる要因として懸念されている。

　第三に、地域住民の物件利用の変化や観光者対応負担の増加への懸念に関してである。古墳は、築造当時における政治・社会的な目的はすでに失われている。これまでの地域における古市古墳群の社会・文化的な機能は、陵墓の参拝に基づく宗教的機能、地域住民の散策やピクニック、憩いの場としての公園的機能、児童や生徒が日本史や郷土史の学習の一環として視察を行う教育的機能が主であった。そこに世界遺産登録を契機に観光的機能への着目がなされるよう

になった。しかし、古市古墳群においては観光者の行動・目的と、地域住民の
それとは、相互排他的な関係にあるわけではない。観光者は、参拝、散策、学
習を含む多様な目的をもって訪れており、親子連れの地域住民とガイドツアー
に参加中の観光者の集団とが同時に墳丘上に滞在するといった光景も日常的に
観察されている。また、地域住民が古墳の維持・管理に携わる機会として、ボ
ランティアによる清掃・美化活動や修復活動がなされている。これらは、観光
者に対する取り組みを主目的として実践されているわけではないため、世界遺
産観光の進展による負担の増加は、観察されていない。

　古市古墳群周辺は、「姫路城」や「古都京都の文化財」のように、すでに著
名な観光対象として知られ、多くの観光者を受け入れるために周辺で観光施
設の開発がなされてきたような地域ではない。また、「白川郷・五箇山の合掌
造り集落」における荻町合掌造り集落や、「富岡製糸場と絹産業遺産群」にお
ける富岡製糸場のように、世界遺産登録に伴う観光者数の急増を経験し、彼
らを受入れるための駐車場や休憩所整備といった観光開発を実施してきたよ
うな地域でもない。大型駐車場を整備しようにも、市街化が進んでおり、開
発の余地が見出せない。観光者の多くはアクセスの容易な大阪市中心部から
鉄道に乗って訪れ、まち歩きを通じて世界遺産観光を楽しんでいる。彼らは
地域にとけ込み、地域住民と同じように、散策や参拝を目的として古墳群を
訪れている。

　地域にとっての古市古墳群の世界遺産登録は、きっかけが自治体や観光関連
事業者を中心とした運動であったとはいえ、都市の開発の波の中に埋没してい
た文化資源への着目を促し、それらを再評価・再定義する過程であったといえ
る。さらに、その過程から誘発された地域主導型の観光まちづくりは、こうし
た観光者に対して多様な地域の魅力を提供する可能性を示した。そして、観ボ
ラの会の活動のように地域住民の有志が担い手となって、その魅力を観光者に呈
示する実践が続けられている。古市古墳群周辺における展開は、世界遺産を有
する都市と地域における観光まちづくりの一つのモデルとなっていくのだろう
か。今後が注目される。

注

（1）これらは、地理的に離れている複数の物件がまとめて一つの遺産として登録されたケースであり、こうした遺産群の登録形態をシリアル・ノミネーションという。

（2）その理由として、後述する真正性の証明に関する懸念等があったためである。

（3）『読売新聞』2017 年 8 月 1 日朝刊、26 面。

（4）『読売新聞』2017 年 8 月 30 日朝刊、25 面。

（5）「世界遺産検定」ホームページ（https://www.sekaken.jp/whinfo/means/）より。

（6）その他の基準としては、たとえば、「人間の創造的才能を表現する傑作である」（ル・コルビュジエの建築作品の登録基準の一つ）、「ある文化を特徴づけるような伝統的居住形態若しくは陸上・海上の土地利用形態を代表する顕著な見本である」（白川郷・五箇山の合掌造り集落の登録基準の一つ）、「生態系や動植物群集の進化、発展において、重要な進行中の生態学的過程又は生物学的過程を代表する顕著な見本である」（白神山地の登録基準）、等がある。

（7）2020 年 3 月現在、27 件である。

（8）「ヤフージャパンテレビ G ガイド」ホームページ（https://tv.yahoo.co.jp/）の番組検索（地域：東京）において、「世界遺産」をキーワードとして検索した結果である。なお内訳は、地上波の番組が 8 本、BS デジタルの番組が 44 本、CS 放送の番組が 15 本である。

（9）JTB 広報室「日本の世界遺産に関するアンケート調査」（https://www.jtb.co.jp/myjtb/tabiq/pdf/20110913.pdf）より。

（10）JTB「日本の世界遺産に行こう」（https://dom.jtb.co.jp/yado/theme/heritage/）。

（11）HIS「世界遺産 50 選」（https://www.his-j.com/world_heritage/）。

（12）白川村役場「白川村の観光統計」（http://shirakawa-go.org/mura/toukei/2580/）より。

（13）世界遺産富岡製糸場「入場者数」（http://www.tomioka-silk.jp/tomioka-silk-mill/guide/record.htm）より。

（14）吉田康彦（2007）「世界遺産ブームを問い直す」『吉田康彦のホームページ』（http://www.yoshida-yasuhiko.com/educationculture/post-35.html）より。なお、初出は、「サンデービューポイント」『世界日報』2007 年 7 月 22 日。

（15）石見観光「石見銀山最大級の坑道跡 大久保間歩一般公開限定ツアー」（http://www.iwami.or.jp/ginzan/）を参照のこと。

（16）たとえば、富士登山オフィシャルサイト「富士山保全協力金」

（http://www.fujisan-climb.jp/manner/kyoryokukin.html）を参照のこと。

（17）たとえば、堺市（2007）「歴史文化のまち堺観光戦略プラン」

　　　（http://www.city.sakai.lg.jp/kanko/kanko/puransakutei.files/honpen.pdf）を参照のこと。

（18）たとえば、藤井寺市観光サイト「藤井寺道明寺物語」

　　　（https://www.city.fujiidera.lg.jp/kanko/）を参照のこと。

（19）なお、スポーツ・娯楽施設としては、藤井寺駅の南には、1928 年から 2006 年まで近鉄興業の運営による藤井寺球場が存在し、プロ野球球団である近鉄バッファローズの本拠地となっていた。また、道明寺駅の東（柏原市市域）には、1998 年まで近鉄興業の運営による玉手山遊園地が存在した。

（20）詳細は、藤井寺市ホームページ

　　　（https://www.city.fujiidera.lg.jp/soshiki/shiminseikatsu/kankou/kankou/kankoplan.html）を参照のこと。

（21）なお、2010 年に実施された「藤井寺市の観光に関する意識調査」の結果においては、藤井寺市を訪れた観光者の訪問先の割合は「葛井寺」が 27.6％、「道明寺天満宮」が 25.3％、「道明寺」が 17.5％であり、「古市古墳群」はそれらに次ぐ 12.8％であった。

（22）まなりくんは藤井寺市のオフィシャルキャラクターであり、この団体は、まなりくんが参加するゆるキャライベントに同行したり、市民交流イベントの運営等を通じて、市の PR 活動のサポートを行う有志の集まりである。

（23）観ボラの会の会員である吉田常行により実施された会員への調査において、「来訪者のマナーや騒音、ガイドの声の大きさなど地域住民に配慮してガイド活動をしているか」という質問に対する回答として、「配慮している」が 63.6％、「やや配慮している」が 36.4％（合計 100％）であった。

（24）前述の吉田による調査結果によると、世界遺産に登録されることに関して「大変良い」が 34.9％、「良い」が 44.2％であった。

（25）なお、以前は後述する定例イベントの実施前や下見の際に、古墳周辺のゴミ拾いを行ってから実施していた。

（26）藤井寺市観光ボランティアの会ホームページ「ふじいでらウォーク モデルコース」（http://www.fujiidera-kanko.info/volunteer/modelkosu.html）を参照のこと。

（27）そのほか、藤井寺市の店舗経営者や作家らによる連携を促進し、商品開発やイベントの実施・運営を行う「FRAP（エフ・ラップ）」（https://frap-fujiidera.com/about）が、2016 年から活動を展開している等、世界遺産登録を契機とした地域の

有志らによる魅力叢生の取り組みがみられている。

（28）藤井寺市市民生活部観光課「なかなかのまちなか藤井寺」

（fujiidera-city-promotion.osaka.jp/）。

（29）ただし、前述の吉田の調査によると、入会動機として「歴史文化に興味があった」を挙げた人の割合が 62.2％と、次位の「地域の役に立つ活動に興味があった」の 15.6％を大きく引き離している。

（30）なお、藤井寺市観光サイト「藤井寺・道明寺物語」には、6 ヶ国語（中国語は簡体字と繁体字）に対応しており、多様な外国人観光者に対する情報発信はなされている。

参考資料

旅の販促研究所（2009）『旅人の本音：「日本」の旅に関するアンケート集』彩流社。

藤井寺市観光ボランティアの会編『古市古墳群ガイドブック "あれ？これ！こふん？！"』藤井寺市観光ボランティアの会。

百舌鳥・古市古墳群世界文化遺産登録推進合同会議（2009）『百舌鳥・古市古墳群世界文化遺産登録推府市合同会議シンポジウム〜世界遺産とまちづくり〜講演記録集』大阪府・堺市・羽曳野市・藤井寺市。

（天野　景太）

7 章

観光振興と地域マネジメント

1 持続可能な観光の推進に向けた動き

　訪日外国人旅行者数 3,000 万人を突破し（2018 年 12 月）、「観光立国」、さらには「観光先進国」を目指す日本では、さまざまな観光振興策により、多くの地域で、とくにインバウンド需要が高まってきた一方、一部の地域では過度な観光客の集中によって地域に与える負の影響（いわゆる「オーバーツーリズム」）[1] が問題視されるようになってきた。

　インバウンド政策を推進する観光庁は、2018 年、「持続可能な観光推進本部」を設置した。同年、国土交通省より出された「持続可能な観光政策のあり方に関する調査研究」（国土交通省　国土交通政策研究所、2018）では、外国人観光客の増加に伴う地域への影響を把握する目的で収集された問題事例をもとに分析結果が出されている。そのなかで「問題事例となっているもののあまり取り組まれていない項目」の一つである「受け入れ側社会の幸福」という項目のなかに、「観光に関する地域社会の満足度」や「コミュニティに対する観光の影響（観光に関連する地域便益）」[2] が入れられ、「全体論」として、つぎのような表現がみられる。「……（前略）……<u>我が国では「地域社会」や「環境」といった視点からの施策等が少ない。</u>……（中略）……我が国が観光先進国を目指し持続可能な観光としていくためには、今後は、観光は<u>経済だけでなく、地域社会や環境に影響を及ぼすことにも着目し、環境政策等他分野の施策とも連携しながら、経済、地域社会及び環境といった総合的な視点で取り組んでいく必要。</u>」（p.21）[3]。

　同報告書が出された翌年には、日本における現状および持続可能な観光の推

進に向けた今後の取り組みの方向性とともに、国内外の先進事例を紹介した「持続可能な観光先進国に向けて」（観光庁 持続可能な観光推進本部、2019）が発行された[4]。同書では、「……今後も世界全体において海外旅行者の増加が予想され、世界的に見ても観光が社会経済の発展を牽引する重要な役割を果たしていくことは明らかである」（p.7）としつつ、スペインのバルセロナやイタリアのヴェネツィアなど海外の一部の観光地では、外国人旅行者の急激な増加により、混雑やマナー違反等の問題が顕在化することで、観光に対する激しい住民の反発を招くなど、「オーバーツーリズム」が課題視されるようになってきていることに触れている。そして、「オーバーツーリズム」について、「これらの事例から学ぶこと」として、「旅行者が地域住民にとって過剰に感じられるほど増加すると、単に観光政策への支持が得られないだけでなく、旅行者に対する敵視や観光政策への抗議活動などにエスカレートする可能性もあることを示している」（p.18）と述べている。一方、日本については、「全国的な傾向として、現時点では、他の主要観光国と比較してもオーバーツーリズムが広く発生するに至っているとは言えないものの、主要観光地を抱える多くの地方自治体において、混雑やマナー違反をはじめ、訪問する旅行者の増加に関連する個別課題の発生を認識していることが明らかになった。」（p.32）とし、これらの個別課題を解決・改善するため、地方自治体、観光地域づくり法人（DMO）等によって具体的な取り組みを随時推進していくことが期待されるとしている。

　地域観光のありかたを考えるにあたり、とくに観光空間が住民の生活空間と重なる観光拠点地域においては、住民の生活に与えるさまざまな影響に考慮した観光振興策が求められるが、ここで、観光客誘致策を進める自治体において重要となるのは観光に対する住民の受容意識と影響要因である。多くの自治体における観光計画（観光ビジョン等）では、いかに誘客を促進するかに関するマーケティング調査結果に基づいた施策が示されているが、観光に対する住民の意識調査結果が盛り込まれた計画は少ない。

　では、観光拠点地域の住民は観光に対してどのように感じているのであろうか。つぎに、前報告書においても事例として取り上げられている鎌倉市による住民意識調査結果についてみていきたい。

2 観光に対する住民意識調査

(1) 事例：鎌倉市

　鎌倉は、日本を代表する観光拠点地域である（「「鎌倉市観光基本計画策定調査」報告書」（鎌倉市、2015）においては、「観光地・鎌倉」（p.15）と表現されている）。「第3期鎌倉市観光基本計画」によれば、鎌倉市は「観光のあらゆる主体による連携の下で、中核となる歴史的・文化的遺産のほか、住環境、自然環境、地域の賑わいといった多様な魅力や価値を備えた「成熟した観光都市」の実現を目指す」としている。観光の現状についてみると、20代から60代以上まで幅広い世代が神社仏閣・史跡、自然（ハイキング）、買い物・食事など多様な目的のために、近年においては、述べ2,000万人を超える観光客が訪れるという鎌倉市は、国内の主要な観光都市と比較して、狭い区域に多くの観光客が訪れていることが特徴であり、人口当たりの入込観光客数も比較的高いことから、市内で観光客による混雑が起こりやすいという。

　このように、「観光課題の大きな原因は地理的条件」とされる鎌倉市においては、地域的・季節的かつ日中の時間帯の集中や休日を中心に交通渋滞が激しい状況がみられる。そこで、道路環境や環境保全等のさまざまな制約により、歩道や車道に十分な道幅が確保できない鎌倉市では、ハード面の整備ではなく地域内の交通をコントロールする「交通需要マネジメント」の考え方を基本に、2001年から「パーク＆ライド」が導入されていることは広く知られている[5]。鎌倉市において、観光は重要な産業としてばかりでなく、地域住民の生活にも大きな影響を与えているが、とくに近年に顕著である外国人観光客の増加によって、その影響は「オーバーツーリズム」という現象としてメディアにおいてもたびたび取り上げられてきた。

　では、鎌倉市民は市内における観光の現状をどのように意識しているのであろうか。鎌倉市は、2014年、「観光に関する市民意識調査」（郵送によるアンケート調査：発送数2,000件・回収数840件・回収率42.0%）を実施している。つぎに挙げるのは、同調査における市民生活への観光の影響に関わる設問に対する回答内容である（鎌倉市、2015：居住地域については、5つの地域

に分類）。

＜観光客数＞

・「日本人観光客数」については、「かなり増えている」が 31.8%、「少し増えている」が 34.3%であり⁽⁶⁾、居住地域差がみられる（56.3%〜 77.4%）。

・「外国人観光客数」については、「かなり増えている」が 31.4%、「少し増えている」が 42.0%であり、居住地域差がみられる（61.7%〜 82.8%）。

＜観光客による日常生活への影響＞

・「観光客の行動による日常生活へのプラス影響」については、「影響がある」は 56.7%であるのに対し、「影響はない」は 27.0%であり、居住地域差がみられる（「影響がある」47.9%〜 64.0%、「影響はない」20.7%〜 31.2%）。

・「観光客の行動による日常生活へのマイナス影響の有無」については、「影響がある」が 80.2%であるのに対し、「影響はない」は 14.3%であり、居住地域差がみられる（「影響がある」55.3%〜 91.4%、「影響はない」6.3%〜 28.7%）。

プラスの影響とマイナスの影響の内容については、つぎの通りである（複数回答）。

　　　＜プラスの影響＞「街に賑わいがある」（61.8%）、「鎌倉のイメージブランドが高まる」（51.7%）、「観光収入が得られる」（50.8%）。

　　　＜マイナスの影響＞「車による交通渋滞」（85.3%）、「駅前など、歩行者による混雑」（68.5%）、「街中のごみの散乱」（35.9%）、「その他」として、観光客のマナーに関する内容。

＜地域における観光の重要性＞

・「鎌倉市経済における観光の重要度」については、「とても重要である」が 50.6%、「やや重要である」が 29.5%であり、居住地域差がみられる（76.8%〜 87.3%）。

・「観光の地域活性化への貢献度」については、「とても貢献する」が 37.6%、「やや貢献する」が 36%であり、居住地域差がみられる（62.1%〜 80.8%）。

　これらの回答結果において特徴的であるのは、各設問に対する回答が地域によって差があるということである。そのなかでも、観光による日常生活への影

響については、マイナスの影響が大きいと感じているのは「鎌倉地域」（駅周辺）が一番多い一方、「車による交通渋滞」については、「鎌倉地域」ではない他の2つの地域で9割以上と多くなっている。そのため、地域によって日常生活への影響が異なっていることがわかる。

　本項冒頭でも取り上げた「第3期鎌倉市観光基本計画」には、第2期計画の進捗状況の評価・管理がまとめられた「鎌倉市の観光の課題」として、観光客満足度の向上を目指すためには、行政単独の取り組みでは限界があるとして、「観光関連団体や事業者のみならず、一般市民も主役の一翼を担う体制で観光客を迎え入れるには、観光振興に取り組むことに対する市民の理解と協力が不可欠」であると記され、地域が一体となった観光振興の推進が謳われている（pp.16-18）。なお、前述の鎌倉市による市民を対象としたアンケート調査では、「鎌倉観光における市民の参加の必要性」について、「積極的に参加すべき」（13.3％）と「参加すべき」（37.1％）という回答の合計が半数を超えるが、その内容については回答を求められていないことから、どのような市民参加がイメージされたかはわからない。

　さらに、同アンケート調査では、地域における観光の重要性についても地域によって差がみられるが、調査対象となった住民が観光関連の仕事に従事しているか否かに関しては示されていない。地域における観光の重要性については、住民が観光関連の仕事に従事しているか否かによって異なると考えられる。そこで、次項では、この点を含め、観光客に対する住民の意識をみるため、鎌倉市同様、近年、とくに外国人観光客の増加が著しい札幌市における観光に対する市民意識調査結果を示す。

(2)　事例：札幌市

　都市観光という観光形態において、観光客は交通の便が良く、多くの宿泊施設や商業施設がある中心市街地に集中する。そこで、本項では、観光客と接する機会が多いと思われる札幌市中心市街地居住者を対象としたアンケート調査結果をもとに、観光客に対する住民意識についてみてみたい。

　まず、札幌市が2014年に実施した「札幌市民の観光に対する意識」調査に

よると、観光に対する肯定的回答（「経済が活性化し、景気が良くなる」・「街の賑わいが増す」・「札幌の良いイメージが他の地域の人々により伝わるようになる」）が上位 3 位までを占め、否定的回答（「交通が渋滞する」や「治安が悪化する」など）を上回っている[7]。そのため、この調査においては、観光客増加を良い影響と考える市民の割合が多いという結果が示されている。

　札幌市は、この調査結果も含め、さなざまな統計データによる特性に基づき課題を整理しており、観光まちづくりを実践していくための具体的な施策の方向性を示している。しかしながら、このなかで住民に関わる項目として挙げられている「市民、来訪者、観光関連事業者の情報共有の促進」では、札幌市の魅力を市民が外部に発信することを促す内容となっており、市民から観光振興に対する理解・協力をどのように得るかについては具体的に触れられていない。

　そこで、札幌市中心市街地居住者は観光客増加による影響をどのように感じているのかについてみるため、筆者による札幌市中央区民を対象とした観光客数に対する意識調査（インターネットアンケート調査）結果を次に示す（調査概要は表 7-2-1）。調査対象者を中央区民としたのは、札幌市内のなかでも中央区（北海道最大の繁華街「すすきの」がある）には宿泊・観光関連施設が多く（第 4 章 2 節を参照）、市内のなかでも観光客が集中する区域であることから、住民が日常的に観光客に接する機会

写真 7-2-1　札幌市大通公園で開催されるイベント「さっぽろオータムフェスト」の様子（2018 年 9 月撮影）

表 7-2-1　アンケート調査概要

調査方法	インターネットアンケート調査（楽天インサイト（株）による）
調査対象	札幌市中央区居住者 500 名　15 歳〜 79 歳、男女
調査日	2019 年 2 月 23 〜 24 日

が多いと考えられるからである。

　札幌市を訪れる観光客数に対する中央区民の意識に関するアンケート調査においては、つぎのような結果がみられた（図表7-2-2）。

・観光客に「もっとたくさん来てほしい」（28%）と「もう少し来て欲しい」（10%）という回答の合計と、「今ぐらいでいい」（38%）という回答が同じぐらいであった。

・観光客の増加を希望する回答のおもな理由としては、観光による経済効果が挙げられ、北海道（札幌市）にとって観光が重要であるという認識が強い傾向がみられた。一方、「今ぐらいでいい」という回答理由には、観光客の受け入れ体制や生活環境悪化に対する懸念が示されていた。

・観光客数は「もう少し少ないほうがいい」あるいは「あまり来て欲しくない」という回答のおもな理由としては、受け入れ体制への懸念とともに、とくに外国人観光客のマナー問題などが挙げられており、観光客による生活空間への影響をすでに感じているという回答が多かった[(8)]。

　本調査は、前述の札幌市による調査と比較すると、まず、母数が異なることに加え、調査内容についてみると、市による調査は市内の特定区域居住者を対象としていないうえ、「観光客増加による生活の変化」は複数回答であると

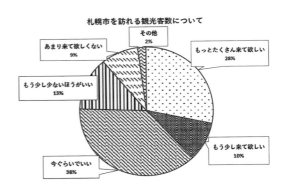

〈おもな理由〉

回答	理由
もっとたくさん・もう少し来てほしい	経済効果・活性化のため・観光都市だから・札幌のことをもっと知ってほしい・自分が住むまちに対する再認識ができる・北海道が観光で成り立つにはまだ少ない
今くらいでいい	これ以上対応するにはインフラが必要 これ以上増えると日常生活に支障をきたす
もう少し少ないほうがいい あまり来てほしくない	特に外国人観光客のマナーが悪い・道内客が宿泊できない程度にまで混雑するのは芳しくない・ホテル料金が高くなってきている・受け入れ体制が追いついていない・交通機関が混雑する・団体客が通行の妨げになる・日常生活に支障あり・地域は住民がつくっているので、多少インバウンドが減ってもしかたが無い

図表 7-2-2
札幌市中央区居住者の観光客に対する意識

いう点が異なる。しかしながら、市による調査時からおよそ 4 年経過し、その間、来札者数が増加していることから（なかでも宿泊者数が 2016 年度から急増：第 1 章 2 節、図 1-2-1 参照）、観光客（とくに訪日外国人）による影響を強く感じている住民がいることがわかる。なお、調査対象者 500 名のうち、20 名が観光関連の仕事（ボランティアも含む）に従事しており、そのうちの約 6 割が観光客に「もっとたくさん来て欲しい」であったが、「今ぐらいでいい」（約 3 割）という回答者のなかの 1 人（ガイド業）は、その理由として「時期によっては歩くのも大変なぐらい観光客がいるので」と述べている。

　観光まちづくりを進める札幌市は、2022 年度の来客数を再設定し、新たに 1,800 万人（旧目標は 1,500 万人）としている（札幌市、2018a）。今後、MICE 誘致によるさらなる観光客数の増加を目指す札幌市内において、とくに来訪者・観光客が集中する区域では、観光による住民生活へのネガティブな影響を減らし、観光振興に対する住民の理解をいかに得ることができるかが課題となる。

3　地域観光振興とコミュニティ

　前節では、自治体によって「観光地・鎌倉」と謳われている鎌倉市と、「観光まちづくり」を目指す札幌市という 2 ヶ所の観光拠点地域における市民意識調査についてみてきた。鎌倉市においては、先述の市による調査実施 2 年前には、市民を対象とした交通渋滞に関するアンケート調査（「第 11 回 市政 e - モニターアンケート集計結果」）[9] が行われ、「休日の渋滞・混雑がひどいこと」がとくに深刻という回答が一番多い [10] という結果が示されている。しかしながら、同調査の 2 年後に実施されたアンケート調査（前節で紹介）においても、交通渋滞については観光客による日常生活へのマイナスの影響として挙げられていることから、さらに増加する観光客への対応という課題を解決することの難しさがわかる。

　鎌倉市では、観光に対する市民意識調査結果が観光基本計画策定のために活用されている。しかし、観光客の増加によって観光行政の成果が評価されやすい（これまで観光が盛んではなかったような）地域とは異なり、観光客がいる

状況が日常的である鎌倉市においては、数値化される経済効果（観光消費額）を含めた観光によるメリットが一般市民に対してどのように反映されているのかを伝えることが難しく、これが行政として課題であるという⁽¹¹⁾。

観光がコミュニティに与える負の影響については、世界のさまざまな地域観光の事例研究において指摘されてきたが、地域活性化のツールとして多くの地域において観光振興が推進されてきた。そして、来訪者の満足度に関する調査（とくに消費動向に関する）が実施され、その結果が観光計画（観光ビジョン等）策定に活かされるケースは多々みられる一方、観光が地域社会・住民に与える影響に関する調査が実施されているケースは極めて少ない。そのため、観光に対する住民の受容意識と影響要因に関する調査結果が観光計画（観光ビジョン等）に反映されることも少ない。

近年、「持続可能な観光」推進の動きがみられるなか、デスティネーションにおけるコミュニティの存在が注目され、「デスティネーション・マネジメント」の必要性が叫ばれている。「デスティネーション・マネジメント」は、「従来、来訪者（観光客）と事業者の関係を主体に構成されていた観光が、観光需要の変化によって、地域（コミュニティ）や環境文化にまで及ぶようになり、包括的な対応をしていく必要性」があることから、「観光地にとっての外部環境変化に対応していくための方法論として、整理体系化されてきた概念」であり、「多様な手法の集合体」という（山田、2017：38）。また、「デスティネーション・マネジメント」では、コミュニティに対する働きかけやコミュニケーションの重要性が高まっており、コミュニティの協力が得られなければ、持続的な観光振興を実現することが困難となることから、コミュニティへの対応が今後大きな課題であるといわれる（pp.39-40）⁽¹²⁾。

近年とくに注目を集めている「デスティネーション・マネジメント」であるが、訪れる側からみた場合は「デスティネーション」（旅行の目的地）としてのマネジメントであるが、住民側からみた場合は「生活の場」（生活空間）のマネジメントとなる。そのため、そのマネジメントの主体はどこにあるのか、ということが重要となる。前節で示した鎌倉市による市民意識調査からも、同じ自治体内であっても地域によって観光客による影響（プラス・マイナスとも

に）が異なることがわかる。

　日本交通公社による住民意識調査（岩崎、2017）によれば、宿泊施設・観光施設などが集積するエリアと一般住民の居住エリアの位置関係（距離や混在度合い）、住民やコミュニティの特性（移住者や観光関連産業従事者が占める割合など）、また、観光産業の特性（宿泊客の割合など）によって、それぞれの主体（観光客・観光関連産業従事者・行政）との関係性は多様になるという。さらに、同研究報告では、オーストラリア・クイーンズランド州政府観光局における取り組み（指標を設定してコミュニティに対する観光の影響を定期的に調査）から、持続可能な観光とは、コミュニティからの求めに応じて推進されることが最も大きな効果を生むとされ、観光に対する住民の理解度を高めることが重要であると認識されていることが紹介されている。

　「観光まちづくり」を目指す多くの自治体において、住民の観光政策への参加・協力を促す（住民が「おもてなし」を提供する役割を担う対象として期待される）観光計画（観光ビジョン等）が策定されているが、観光の現状（観光客数など）、さらには観光に対する住民意識調査が行われているケース少ない。そのため、観光に対する住民の受容意識と影響要因（たとえば「地域住民」が観光関連の仕事に従事しているか否かなど）に関する調査を行うことにより、その結果を施策に反映させることが求められる。そして、ここで重要なのは、観光振興によって進められる地域ブランド化の構築（第2章1節2項参照）は、あくまでもブランド戦略を推進する側の視点であることから、自治体（をはじめとするさまざまな主体）によって創生される地域ブランドに合うようなイメージ形成を求められる住民の理解をどれだけ得られるかがポイントとなる。

4　地域マネジメントから考える観光防災

（1）地域観光防災の課題

　観光客の集中は、「コミュニティ防災」対策にも影響を及ぼす。2018年9月に発生した北海道胆振東部地震により社会インフラが大きく影響を受けた北海道では、道全域が停電（それに伴う断水が広域に発生）という事態が生じた。

　そのため、交通機関（JR・国道・道道・高速道路・空港）が利用できなくなり、さらには、通信障害（固定・携帯電話等）により、住民ばかりでなく、道内にいた多くの観光客にも大きな混乱が生じた。メディアにおいては、行き場を失った観光客（とくに外国人観光客）の状況がたびたび取り上げられ、自治体による観光客への対応に注目が集まった。

　地震発生後、札幌市では、観光客を含む多くの来訪者が滞留したため、観光客向け避難所 6 ヶ所を急遽開設した。地震発生から約半年後に札幌市から出された地震対応検証報告書（札幌市、2019）には、旅行者を含む帰宅困難者が避難場所や情報を求めて一部の学校に集中したことにより地域住民の避難に支障をきたしたことや、観光客向けの避難所運営のために多くの職員を必要としたことが記されている。情報入手の重要な手段として観光客に利用される端末機器の通信障害が発生した札幌市では、地震発生後、観光客支援（避難場所等を教えてあげる、食料・水をあげるなど）を行った住民がいることが札幌市民を対象とした筆者によるアンケート調査（地震発生約半年後に実施）によって確認されている（安福、2019）[13]。この調査結果からは、災害の際に住民による観光客への支援がみられたことから、災害発生時においても、住民の協力を得るための働きかけが必要とされることがわかる。

　地域の状況がよく分からないような来訪者（観光客）に対して「自助」や「共助」を求めるのは難しい。自治体においては、災害対策に観光客支援を盛り込むための官民連携体制の構築に加え、住民の協力を得るための取り組みも必要とされる。そのためは、コミュニティにおける防災体制（コミュニティ防災）に観光客支援を組み込むことも必要となるが、観光客が集中する地区のコミュニティから来訪者（観光客）支援を得るためには、自治体の観光振興策に対する住民の理解を得る必要がある。先述のように、札幌市中心市街地の住民を対象としたアンケート調査（第 2 節 2 項）からは、観光は札幌市において重要と考える住民が多いなか、観光客数の増加に対して否定的な声もみられた。発災時における観光客支援に対する住民の協力を得るためにも、過度な観光客の集中による住民生活への影響を考慮した観光振興の取り組みが求められる。

　「行政による危機管理には、災害安全危機管理と並び行政信頼危機管理があ

ると考えると、防災と減災を行政が発展させるもう1つの原動力を見出せる」
（村山、2016：112）といわれる。観光に関わる防災や減災への協働についての
意識が必要とされるのは観光関連事業体ばかりでない。都市観光においては、
住民の生活空間が来訪者（観光客）の観光活動の場と重なることが他の観光形
態と比べ比較的多いことから、観光拠点都市自治体においては、観光振興と「ま
ちづくり」という両方の視点において、観光に直接関わりを持たない住民とい
う主体から協力を得るためのプロセスを重視する必要がある。

　東日本大震災以降、地域防災計画を見直した地方自治体数の増加からは、防
災・減災対策に対する行政の意識の高まりをみることができる一方、その対策
のなかに観光に関わる対策、たとえば来訪者・観光客の安全確保に対する項目
が入っている計画は多くない（安福、2017a）。そのため、災害時、地域住民以
外の来訪者・観光客の安全確保に関わる領域においても行政・民間・住民団体
による連携の早期確立が必要とされるが、自治体における地域防災対策の多く
が地域住民を対象とした限定的なものであることから、地域全体で観光防災の
取り組みが求められる。

(2) コミュニティによる観光防災の取り組み

　近年、災害が多発するなか、観光拠点（観光地）のなかには、災害発生時に
おける観光客支援に対する取り組みを地域全体で行う動きがみられる。災害発
生時、観光客に対する支援を行う主体としては、大きく分類した場合、1）自治体、
2）観光関連事業体（事業者）、3）地域住民という3つのセクターが挙げられ
る。しかし、観光に関わる防災に対しては、行政・民間・地域住民という明確
な分類によってその関係性を捉えることができない。それは、いわゆる「観光
地」と呼ばれるような観光拠点を有する地域においては、民間（観光関連事業
者）と地域住民に重なりがみられる場合が多いからである。

　自治体の防災対策（コミュニティ防災も含む）が地域住民を対象としている
のに対し、地域観光防災の対象には地域への来訪者（観光客）も含まれる。つ
ぎに紹介するのは、いわゆる「ソフトパワー」と呼ばれる住民主導による地域
観光防災の取り組みである。

① 事例：三重県伊勢市「おはらい町」

　三重県の南部に位置する伊勢市は（図7-4-1）、多くの観光スポットが集まる伊勢志摩の中心都市として伊勢志摩国立公園の玄関口となっている。伊勢神宮では、20年に一度社殿を建て替え、神座を移す「神宮式年遷宮」が行われているが、伊勢市における観光振興計画では、この催行に合わせて観光に関わる施策・事業が推進されている（2019年の神宮参拝者数は、外宮内宮両宮で約973万人：「平成31年／令和元年　伊勢市観光統計」より）。

　伊勢市を流れる五十鈴川に沿い、内宮の門前町として発達してきた「おはらい町」（神宮参拝者の約7割が訪れる：写真7-4-1）は、伊勢観光の拠点であるが、観光地としてだけでなく、その町並みの保全運動が全国的にも注目されてきた（「おはらい町」の一部は伊勢市の独自条例である「伊勢市まちなみ保全条例」により「伊勢市まちなみ保全事業」の対象となっている：図7-4-2）。

　参拝者を中心として、毎年多くの観光客が訪れる伊勢市では、観光防災に対するさまざまな取り組みが行われている（たとえば、伊勢市観光協会発行の観光パンフレット（ホームページ

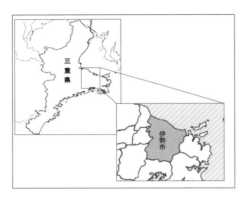

図 7-4-1　伊勢市の所在地

写真 7-4-1　観光客で賑わう「おはらい町」の様子
（2016年9月撮影）

上も同様）には災害発生時における注意喚起事項が掲載され、観光関連事業者を対象とした防災意識向上のためのセミナーが開催されている）。そのなかで、観光まちづくりの先進事例ともいわれる「おはらい町」では、地域（住民）団体である「伊勢おはらい町会議」（事業者であり地域住民、あるいはそのいずれかがその構成メンバーとして活動）による観光防災の取り組みが注目される。伊勢市から業務委託を受け、「災害対策事業」（委託期間 2009 年〜 2012

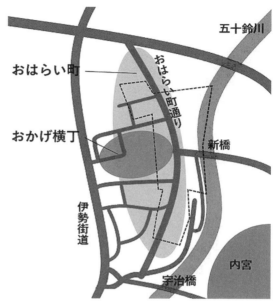

図 7-4-2　多くの観光客が訪れる「おはらい町」と「おかげ横丁」（点線内は「伊勢市内宮おはらい町まちなみ保全地区」：この区域については、伊勢市 HP「伊勢市まちなみ保全事業」をもとに作成）

年）を進めることになった「伊勢おはらい町会議」による「おはらい町防災学校」のさまざまな取り組み（観光調査によるデータに基づく観光客の避難誘導訓練など）において注目されるのは、観光振興と防災対策の両面における活動がまちづくりの一環として行われている点である。

　観光が地域に与える影響に関する研究においては、観光によって利益を得る者とそうでない者という区分、そして、その前者の多くが観光関連業者、後者が地域住民という構図のなかで語られることが多い。しかし、「おはらい町」などのように、いわゆる「観光地」として広く名が知られた地域ではその区分が難しく、住民の生活空間と観光空間が重なることから、「コミュニティ防災」は観光防災と密接に関わる。「おはらい町」における「コミュニティ防災」のなかに組み込まれた観光防災の取り組みは、「おはらい町」が居住者・事業者

あるいはそのいずれかの立場の人々が常にいる生活の場（来訪者にとっては観光空間）であることによって、その生活の場を構成する人々が来訪者の安全確保に対しも自分達と同様な環境を提供する、という考えに基づいて進められている（安福、2017b）。

② 事例：愛知県南知多町

　地域住民による観光防災の取り組みは、愛知県南知多町の内海海水浴場で海水浴客の津波避難誘導訓練を行う住民団体の活動においてもみられる。愛知県知多郡南知多町（人口 17,865 人：2019 年 3 月末時点：図 7-4-3）は、知多半島南部の先端と沖合に浮かぶ島々からなり、年間約 370 万人の観光客が訪れる（南知多町資料より）。なかでも、伊勢湾に面した内海海水浴場は、「「日本の渚百選」にも選ばれた東海地区最大級の海水浴場」（Aichi Now：愛知県の公式観光ガイド）として紹介され、海水浴目的の観光客がおよそ 30 万人（内海全体では 767,000 人）訪れる。しかし、同町は、伊勢湾と三河湾に面していることから、地震発生時、津波による甚大な被害を受けることが懸念されている。そのため、町では「津波避難防災マップ（観光旅行者向け情報入り）」作成や観光・防災アプリの整備などの取り組みが行われている。

　このように、海が観光資源となっている南知多町における防災対策を背景として注目されるのが、住民団体による観光防災の取り組みである。内海・山海まちづくり協議会「きずなの会」は、住みやすい活力のあるまちづくりを目的として組織され（2010 年）、防災、防犯、福祉など、まちづくりの思いを持った人が集まり各部会の活動を展開している。なかでも、防災部会は、東日本大震災を契機として地域の防災活動の見直しによって立ち上げられ（2012 年）、楽しく学べる防災部会を活動テーマとして、学校防災および地域防災の活動に取り組んでいる。そ

図 7-4-3　南知多町所在地

して、同部会では、毎年、「海
の日」に「内海海水浴場津波
避難訓練」を行っているが、
この訓練には、観光協会、商
工会、区長会、各区自主防災
会、社会福祉協議会の他、町
の防災安全課、警察、消防団、
小中学校、保育所、さらには
県内大学の研究機関が協力す
る大規模なものである。同活
動は、海水浴客を避難させる
ための訓練であり、地域の重

写真 7-4-2　「きずなの会」による内海海水浴場津波
　　　　　避難訓練の様子（2018 年 7 月撮影）

要な観光資源を訪れる観光客（海水浴客）の安全確保が地域防災において重
要であるという考えから、地域全体の取り組みとして行われている（写真 7-4-
2：写真左の「津波避難場所」という表示板も「きずなの会」による設置）。

　同訓練は住民団体主導による大規模な活動ではあるが、観光関連事業者など
からの協力という点においては難しさがみられることから、観光客（おもに海
水浴客）の誘導にあたっては、さまざまな事業者との連携が求められることが
わかる。

（3）観光拠点地域に求められるソフトパワー

　日本は、地震、豪雨、台風、噴火などの自然災害がいつどこで発生するかわ
からないという危険に常にさらされている。そのため、来訪した人々も含めた
地域全体の安全に向けた備えが求められるが、その対策には、日頃、観光に直
接携わる人々ばかりでなく、地域全体の協力が必要となる。観光が住民に負の
影響のみを与えているような地域では住民の協力を得るのは難しい。

　地域振興のために観光が重要視されはじめてからしばらく経った今、災害対
応力によって地域の価値を高める取り組みが地域全体で行われることが望まれ
るが、そのためには、観光実態調査に基づき、住民の理解を得た地域観光振興

策が策定される必要がある。災害による対応を考えた場合、地域によっては観光政策が観光客誘致策と必ずしもイコールではない場合もあり得る。災害発生時においても対応できる観光客数をも考慮した備えは、安心して訪れることができるという地域に対する評価につながるであろう。そこで求められるのが地域マネジメントであることから、観光拠点地域においては、災害時における来訪者・観光客対応においてもソフトパワーが発揮できるような環境づくりが必要とされる。

地域観光における観光計画（観光ビジョン等）策定にあたってはパブリックコメントが求められるが、多く場合、少数による声しか寄せられないケースが目立つ。地域全体において観光振興を考えるさいに必要なのは、地域を生活の場とする住民の声であることから、観光空間が住民にとってもよりよい場となるように住民自身が地域観光に関心を持つ必要がある。そして、地域観光計画策定にあたっては、広く住民による声を反映させるための仕組みづくり（本章で述べた観光に対する住民意識調査実施とともにその結果の活用など）が観光まちづくりに求められる。

注

(1) 「平成30年版　観光白書」（p.111）では、つぎのように記されている。「……特定の観光地において、訪問客の著しい増加等が、市民生活や自然環境、景観等に対する負の影響を受忍できない程度にもたらしたり、旅行者にとっても満足度を大幅に低下させたりするような観光の状況は、最近では「オーバーツーリズム」（overtourism）と呼ばれるようになっている。」

(2) 他に「地元住民による主要資産へのアクセス」が挙げられている。

(3) 下線および太字は引用元の通り。

(4) 同書では、国連世界観光機関（UNWTO：The World Tourism Organization of the United Nations）が示した「オーバーツーリズム」について、つぎのように紹介している（pp.14〜15）。まず、定義としては、「観光地やその観光地に暮らす住民の生活の質、及び／或いは訪れる旅行者の体験の質に対して、観光が過度に与えるネガティブな影響」であり、「適切な観光地マネジメントの欠如と無秩序な開発に

　　よって起こるとしており、旅行者の数が増加するに従い、観光は旅行者と地域の双方に対して持続可能な方法で発展していかなければならない」。

(5)　鎌倉市では、道路渋滞の混雑緩和のため、「歩き観光の推進」の取り組みを行っている。

(6)　調査報告書によれば、「日本人観光客数」については、2005 年における調査と比較すると増加しているという。

(7)　「札幌市観光まちづくりプラン（改訂版）2013-2022」（p.36）には、「札幌市民の観光に対する意識」（「『2014 年度第 1 回市民アンケート報告書』より」）として「観光客増加による生活の変化」が示されているが、「2014 年度第 1 回市民アンケート報告書」における調査結果欄には、N＝4,967 と記載があるのみで、調査方法が明記されていない。

(8)　観光客数に対する住民の意識に関する同様の調査結果は、本調査 1 年後に札幌市在住者を対象として実施したインターネットアンケート調査（回答者数 413、2019 年 11 月実施：ジャストシステムによる）にもみられる（観光客数に対する意識：「今ぐらいでいい」39％、「もう少し少ないほうがいい」26％、「あまり来てほしくない」27％、「その他」8％）。

(9)　同調査結果は、本節でも紹介した「持続可能な観光先進国に向けて」においても取り上げられている。

(10)　なかには、「こんなことは前からわかっているはず」、「受入れすぎ」などというコメントも記されている。

(11)　鎌倉市市民生活部観光課への電話による聞き取り調査（2020 年 2 月 13 日）より。

(12)　「観光によって直接的な恩恵を受ける住民は限定される」（山田、2017：40）ともいわれる。

(13)　回答者 500 名のうち 39 名（全体の 7.8％）が何らかの観光客対応をしているが、その多くが道案内・場所（避難所・飲食の配給所・充電スポット・営業している店舗・ホテルなど）を教えた（22 名）であるが、なかには、「通訳・渡航手続き仲介」（中国からの渡航者を保護し、中国領事館への連絡、札幌駅まで車による移動支援）をしたという内容もあった。さらに、「災害の報道を見て、うちでよかったら何人か滞在させたのに、と思いました。避難所から転送するシステムがあれば登録などしたい」という回答もあった。

参考文献

岩崎比奈子（2017）「コミュニティとデスティネーション・マネジメント」『観光文化』234 号、pp.24-29。

村山　徹（2016）「第 5 章　行政の災害対応への人々の意識」松岡京美・村山徹編著『災害と行政 －防災と減災から－』晃洋書房。

安福恵美子（2017a）「地域の観光振興と防災対策に関する検討とその課題 －静岡県を事例として－」（『地方自治研究』, Vol.32、No.1、pp.13-26。

安福恵美子（2017b）「まちづくりとしての観光防災 －三重県伊勢市「おはらい町」の取り組みを中心として－」『地域政策学ジャーナル』（愛知大学地域政策学部地域政策学センター）第 7 巻、第 1 号、pp.3-14。

安福恵美子（2019）「北海道胆振東部地震における観光客支援に対する検討と課題 －札幌市を中心として－」『地域安全学会論文集』No.35、pp.77-87。

山田雄一（2017）「デスティネーション・マネジメントの理想と実践での現実」『観光文化』234 号、pp.38-42。

参考資料

伊勢市産業観光部観光振興課「平成 31 年 / 令和元年　伊勢市観光統計」。

鎌倉市 HP「第 11 回 市政 e‐モニターアンケート集計結果」
（https://www.city.kamakura.kanagawa.jp/kouchou/documents/emoni-11.pdf）。

鎌倉市（2015）「「鎌倉市観光基本計画策定調査」報告書」

鎌倉市（2016）「第 3 期鎌倉市観光基本計画」

観光庁「平成 30 年版　観光白書」。

観光庁　持続可能な観光推進本部（2019）「持続可能な観光先進国に向けて」。

観光庁 HP「持続可能な観光の実現に向けた先進事例集（付録 1）」鎌倉の事例
（https://www.mlit.go.jp/common/001293018.pdf）。

国土交通省 国土交通政策研究所（2018）「持続可能な観光政策のあり方に関する調査研究」（概要）。

札幌市（2018a）「札幌市観光まちづくりプラン（改訂版）2013-2022」。

札幌市（2018b）「平成 30 年度版　札幌の観光」。

札幌市（2018c）「札幌市観光まちづくりプラン改訂版（案）に対する市民意見の概要

と札幌市の考え方」。

札幌市（2019）「平成 30 年北海道胆振東部地震対応検証報告書」。

南知多町『データブック　南知多』。

南知多町産業振興課『令和元年度版　南知多の観光』。

（安福　恵美子）

あとがき

　本書では、近年の地域観光をめぐる動きを整理するとともに、その今日的課題について示した。まず、第1部では、地域観光の今日的展開として、受動的性格をもった旧来の観光振興組織から戦略的・能動的に観光振興を実践する機関の展開について述べるとともに、地域を越えた観光圏形成のバリエーションや、その役割（意義）などについて総論的に説明した。第2部では、都市観光に焦点を当て、その社会・文化的な特色について説明したうえで、インバウンドの増加とその対応（諸地域・事業者による）を都市の消費空間の変遷として捉え、観光空間と生活空間が重なることによって発現する、いわゆるオーバーツーリズムに関わるさまざまな課題を示した。そして、第3部では、『「観光まちづくり」再考 －内発的観光の展開へ向けて－』（安福（編著）、2016）をもとに、地域観光の今日的課題である観光振興と観光まちづくりの関係性を説明し、その関係性を示すための一つの要素として地域観光に求められる地域観光防災力を挙げることにより、地域住民主導による「観光まちづくり」への視点を示した。

　地域観光の状況は日々変化しているが、これまでの変化とは比べものにならないような大きな変化が今、起こっている。本書執筆中に生じている新型コロナウィルス感染拡大の影響は、地域観光振興へ多大な影響を与えている。人と接触する・人々が集まることが感染を拡大させるとして全世界の人々の活動が制限されるような状況のなか、人が移動することによって成立する活動である観光については、感染拡大の影響を受ける象徴的な事象として日々報じられている。

　相次ぐイベントの自粛・中止（要請）などの報道からは、各地域において、近年いかに多くのイベントが開催され、それが地域観光振興と関わってきたかとともに、観光に関わる産業の裾野の広さがわかる。また、インバウンド需要の落ち込みに関する報道からは、とくに訪日外国人観光客の需要がいかに多く

の地域において期待されていたかとともに、近年における国による観光政策の多くがインバウンド対応を中心としたものであったかがわかる。そして、とくに本書で事例として取り上げた観光拠点都市においては、人が集まるという都市空間の特性そのものが感染拡大の要因として指摘されている。

　このような状況のなか、国外・地域外からの観光客誘致を積極的に進めてきた多くの地域にとっては、危機管理を含めた地域マネジメントのなかに観光が位置づけられてこなかったことを改めて見直す状況が生まれている。全国的に移動自粛が叫ばれ、来訪自粛を求める自治体首長による発言が相次ぐなか、地域への来訪自粛を促す業務にあたる自治体観光担当部署職員の仕事内容からも地域観光に関わる業務は観光振興推進ばかりではないことがわかる。このような事象が示しているのは、地域マネジメントにおいて、危機管理（災害ばかりでなく）も含めた総合的な政策のなかに観光が位置づけられることの必要性であろう。そのためには、これまで観光客誘致に向けた取り組みのみが目指すべき方向性として捉えられがちであった地域観光を、総合的な視点から捉える「観光まちづくり」が求められる。

2020 年 5 月 4 日

安福 恵美子

索　引

【執筆者紹介】

安福 恵美子（やすふく えみこ）

　愛知大学地域政策学部　教授（観光社会学）

　『ツーリズムと文化体験 －＜場＞の価値とそのマネジメントをめぐって－ 』流通経済大学
　　出版会（2006年）。

　『「観光まちづくり」再考 －内発的観光の展開へ向けて－』（編著）古今書院（2016年）。

　「北海道胆振東部地震における観光客支援に対する検討と課題 －札幌市を中心として－」
　　『地域安全学会論文集』No.35（2019年）。

　執筆箇所

　序、第1章2節、第2章1節、第4章2節、第7章、あとがき

天野 景太（あまの けいた）

　大阪市立大学大学院文学研究科文化構想学専攻　准教授（都市社会文化論、観光学）

　『東京の社会変動』（共著）中央大学出版部（2015年）。

　「レトロツーリズムの文化論：昭和の表象が織りなす観光のアクチュアリティ」『日本観光
　　学会誌』第58号（2017年）。

　執筆箇所

　第1章1節、第2章2節、第3章、第4章1節、第5章、第6章

書　名	地域づくり叢書7 **都市・地域観光の新たな展開**
コード	ISBN978-4-7722-5335-2　C3336
発行日	2020年10月14日　初版第1刷発行
著　者	**安福 恵美子・天野 景太** Copyright　©2020 YASUFUKU Emiko and AMANO Keita
発行者	株式会社古今書院　橋本寿資
印刷所	株式会社太平印刷社
発行所	株式会社古今書院
	〒113-0021　東京都文京区本駒込5-16-3
電　話	03-5834-2874
FAX	03-5834-2875
URL	http://www.kokon.co.jp/
	検印省略・Printed in Japan

いろんな本をご覧ください
古今書院のホームページ

http://www.kokon.co.jp/

★ 800 点以上の**新刊・既刊書**の内容・目次を写真入りでくわしく紹介

★ 地球科学や GIS，教育など**ジャンル別**のおすすめ本をリストアップ

★ **月刊『地理』**最新号・バックナンバーの特集概要と目次を掲載

★ 書名・著者・目次・内容紹介などあらゆる語句に対応した**検索機能**

古 今 書 院
〒113-0021　東京都文京区本駒込 5-16-3

TEL 03-5834-2874　FAX03-5834-2875

☆メールでのご注文は order@kokon.co.jp へ